AF450006

جرائم شرف

وسِيَر نساء شجاعات

ماريا هاغبرغ

MARIA HAGBERG

جرائم شرف

وسِيَر نساء شجاعات

Hedersvåld och modiga kvinnor

نقلته إلى العربية:

رلى ذبيان

توطئة

منذ قرابة السنتين، بدأتُ التفكير في إمكانية تحبير كتاب أتبصّر فيه في التجارب التي كانت لي خلال عملي في السويد في مجال العنف المرتبط بالشرف أو ما اصطلح على تسميته بـ «جرائم الشرف». في تلك الحِقبة، لم أتصور يوماً أن المشروع كان ليؤسس اهتمامي بسَبْر أغوار هذه المعضلة الاجتماعية العالمية. بدأت العمل على الكتاب من خلال تواصلي مع بعض الشابات اللواتي التَقَيْتُهُنَّ على امتداد السنوات، وذلك بوصفي ناشطة اجتماعية وعاملة في حقل الإغاثة الإنسانية. فالعلاقات التي كنّا قد أرسيناها أصلاً، أخذت بالتحوّل تدريجاً إلى تواصل إرادي - في حالات ما كانت دائماً على هذا النحو - واستمرَّ لمراحِلَ تراوحت مدّتها بين ستة أشهر وأربع سنوات.

من خلال منصّة التفاعل الفكري المعروفة باسم آغورا (Agora)، تقدَّمتُ بطلب منحة تجيز لِيَ إنتاج الكتاب المأمول، سرعان ما وصلتني، من خلال صندوق أولوف پالمه التَّذكاري (Olof Palme Memorial Fund)، فانكَبَبْت على إجراء مقابلات مكثّفة مع النساء المعنيات بموضوع كتابيَ المرتَقب. ثم ما لبثتُ أن فرَّغت تسجيلات هذه المقابلات وأعدت صياغتها وسكبها في قالب قصصي. وعلى الرغم من أنَّ تواصلي مع أولئك النساء طال سنوات عدّة، إلا أنني اكتشفت أشياء

كنت في غَفْلَة عنها، برزت لي من خلال محادثاتنا، وهي أمور شرحت لِيَ الكثير عن الخِيارات الحياتية التي كانت كل منا قد قامت بها حتى حِقبة لقاءاتنا، فعمدتُ إلى تضمينها في هذا الكتاب، آملةً أن يتعلّم القارئ والقارئة الشيء الكثير عن العنف المرتبط بالشرف وعما يمكننا فِعلَه للقضاء عليه. وبالإضافة إلى ذلك، آمل أن تساعد شجاعة هذي الشابات وما أَدْلَيْن به من شهادات، الأولاد والشباب والراشدين، الذكور منهم والإناث، إن وجدوا أنفسهم في وضعيات مماثلة، بحيث يتَّخذون الخطوات المؤدّية بهم إلى حياة حرّة مستقلّة.

هنا، لا بدّ لي من أن أتقدّم بالشكر لناشر كتبي في دار نشر Premiss Publishers، لقاء الدعم الذي خصّني به، والنقاشات البنّاءة التي كانت لنا إبّان تحبيري لهذا المؤلف. ومن ناحية أخرى، لا بدّ لي من الإقرار بالأهمية القصوى التي اكتستها بالنسبة إليّ خواطر النساء وآرائهن الشخصية وتلك الآراء التي انتهى إليها أصدقاء قرأوا هذا الكتاب وزوّدوني بها. كما أنني أغتنم فرصة هذه التوطئة لأعبّر عن تقديري الكبير للآراء النقديّة الطابع التي أغدق بها عليّ أفراد عائلتي ولصبرهم المنقطع النظير على انصرافي الكلّي للمقابلات والكتابة.

ختاماً، لا يسعني إلا أن أشكر كل الذين شاركوا في إنتاج هذا الكتاب لكونهم وجدوا فيه مساهمة مهمة في النقاش القائم حول العنف المرتبط بالشرف، في كل من السويد وغيرها من الدول، آملةً أن يساهمَ كتابي هذا في إحداث تغيير إيجابي في حياة من يتعرضون للعنف وفي النقاش

العام حول المعضلات الاجتماعية التي تؤدي إليه.

هوغاناس، كانون الأول/ ديسمبر 2008

الغرض من هذا الكتاب

«نريد مدارس حضانة للجميع». هذا ما كانت تدوّي به المظاهرات النسويّة في سبعينيات القرن العشرين وكنت يومها أول شبابي. كان لا بدّ للنساء في تلك الحِقبة من حصول كل منهن على عمل خاص يؤمّن لها إيراداً شخصياً، وهو ما اقتضى المطالبة بإنشاء مدارس حضانة متطورة، علماً أن هذا المطلب لا يزال قائماً اليوم كما بالأمس. لكن سرعان ما تبيّن أن هذا الطلب لم يكن كافياً، إذ أصبحت رعاية الأطفال شَرْكاً وقعت فيه النساء أنفسهن لكونهن، وإلى حدّ بعيد، أُلزمن بالعمل مع الأطفال والمرضى، خارج المنزل، لقاء أجر يتكافأ ومهامهن، علماً أن هذا الأجر كان قد أُرسيَ على أساس الفكرة القائلة بأن المرأة هي الجنس الأضعف. أما اليوم، فما زالت النساء ممن أجريت معهن مقابلات، يسألن متى سيحظين بفرصة الإنجاب أو ما إذا كُنَّ سيُصَرَفْنَ من العمل إن هن حَمِلن. من جهتهم، يَفيد الرجال في السويد من جزء بسيط من الحقّ القانوني في البقاء في المنزل بمعيّة الطفل. كما أن سوق العمل لا تزال تضبِط إيقاعها على أساس أن الرجل هو كاسب الرزق وأن للمرأة مسؤولية رئيسة حِيال المنزل والأولاد، وذلك في إطار التأكيد على أن النواة العائلية المتغايرة الجنس هي الكوكبة العائلية الوحيدة.

في ستينيات وسبعينيات القرن العشرين، بلغت الثورة الجنسية أوجها، وراحت المتاجر المعروفة باسم «الطير والنّحل» (Birds and Bees/Blommor och Bin) تتكاثر حتى صرنا نجدها عند كل زاوية من الشارع. وفي الوقت نفسه، لقِيَت الأفلام الوثائقية التثقيفيّة، التي كان قِلغوت سومان (Vilgot Sjöman) يعمل على إنتاجها، نجاحاً ملحوظاً في عدد كبير من دول العالم، علماً أن السويد عرفت في تلك الحِقبة بـ«سرير الخطيئة» نظراً للتحرّريّة المنقطعة النظير التي أفادت منها النساء. وفي ضوء هذه المعطيات، ما عادت التربية الجنسية في المدارس إلا أمراً طبيعياً مفروغاً منه. ومع انتشار وسائل منع الحَمْل، أصبح الجنس ممكناً خارج إطار الزواج، وأصبحت المساكنة، نهاية القرن العشرين، أكثر شيوعاً منه، إذ أضحى بوسع الرجل والمرأة العيش معاً، والإنجاب والطلاق، بمعزل عن مباركة الكنيسة أو إدانتها. ولعل ردّ الفعل على هذه التحرّريّة هو الذي دفع بالعديدين إلى المساهمة في وضع المناهج المدرسية، مدخلين فيها المعرفة الأخلاقية المستلهمَة من التعاليم الدينية في وقت كانت المسيحية في طريقها إلى الاضمحلال.

أما اليوم، فلقد عاد الوضع ليختلف من جديد. ذلك أن إصلاح المدارس المستقلّة الذي استُهِلَّ العمل فيه منذ سنوات قليلة، كان في الأساس دافعاً إلى إدخال خِيارات أوسع في المنهجيات التعليمية البديلة. لكن، وعوض العمل بموجب هذه المنهجيات، صرنا نشهد وفرة في المدارس الدينيّة المستقلّة المختلفة، حيث يُلَقَّن التلامذة، ومنذ

نعومة أظفارهم، معتقدات متنوعة وحيث يُعمل على تنشئتهم على التمييز بين الأفراد على أساس النوع الاجتماعي (أي الجنس)، وكل ذلك بدعم مالي من الدولة والسلطات المحليّة في المدن والأقاليم. وفي مواجهة هذا الأمر، نشطت الحركة النسائية بقوة وأدخلت إلى النقاش العام العديد من المطالب المهمة، كالحق في الضريبة الفردية والحقّ في الإجهاض الذي لم تحصل النساء عليه إلا عقِب معركة قاسية، قدمت لنا فيها أخواتنا في بولندا مساعدة حثيثة. أما اليوم، فإن الوضع في بولندا مختلف تماماً عما كان عليه في الستينيّات والسبعينيات من القرن العشرين، في ظِلّ الحظر المفروض بحزم على الإجهاض، وهو حزم عزّزته القوى المحافظة والكنيسة الكاثوليكية.

من ناحية أخرى، أثبت التقرير الذي أعدّه كل من غوستاف جنسون (Gustav Jonson) وآنا ليزا كالڤِسْتِن (Anna Lisa Kälvesten) في شأن قرية الأطفال المعروفة باسم سكا (Ska) أهمية الإرث الاجتماعي، فانتشرت مكاتب الخدمات الاجتماعية والضمان الاجتماعي لرعاية الأطفال الذين يتعرضون لسوء المعاملة، وللمساهمة بالدعم المالي في مساعدة الأب الأعزب وخصوصاً الأم العزباء من أصحاب المداخيل المنخفضة. وفي السويد، تشكل الأمهات العزباوات اليوم المجموعةَ الأفقر دخلاً.

في مستهل السبعينيات، أصدرت السويد قانوناً يحظّر العقاب الجسدي، فتغيرت نظرتنا إلى الأطفال. ولقد انعكس نمو حضانة

الأطفال في السويد أهمية قصوى على حركة التحرّر النسوية، لكون المرأة العاملة مع الأطفال والمرضى والعجّز ما عادت تعمل في منزلها بل في أماكن خارجية. زِدْ على ذلك، أن التربية المصمَّمة لتلبية حاجات الطفل ونموه، أثَّرت هي الأخرى في كيفية النظر إلى الأطفال في مجتمعنا.

في تلك الحِقبة أي سبعينيات القرن الماضي، كنت ضالعة شخصياً في السياسة والشؤون النسوية عامة. وعلى امتداد أكثر من ثلاثة عقود من الحياة المهنية وحتى الآن، عملت مع الأطفال والفتية والفتيات. وفي السنوات الأخيرة، طرقت وإيّاهم خصوصاً القضايا المتعلقة بالعنف والقمع المضطلع بهما في الفضاءات الضيّقة، وصرفت السنوات الخمس الأخيرة مع فتية وفتيات كانوا، في السويد، عرضَة للعنف والقمع المرتبطَين بالشرف. رأيت في مرحلة أولى أن هذا النوع من العنف مختلف بشكل صادم عن ذاك المتعارف عليه. لذا اتخذتُ لِيَ موقفاً ضدّ ما يسمى بـ«عنف الرجال المستَهْدِف للنساء». ولقد كان واضحاً لي من خلال العمل الميداني الذي كنت أضطلع به، أن هذا النوع من العنف معقّد.

في الحقيقة، يقع العنف المرتبط بالشرف في خانة أقسى أنواع العنف التي اضطررت إلى التعامل معها خلال عملي لعقدَين من الزمن كناشطة اجتماعية. فهو يمارَس جماعياً في طول البلاد وعرضها بل وبتجاوز حدودها، بارزاً كمشكلة عالمية حول العالم. ويتميّز هذا العنف بكونه مدفوع بكراهية النساء ورُهاب المِثْلِيّة والعنصرية. واللافت هو اعتبار المضطلعين بهذا النوع من العنف أبطالاً في نظر أقربائهم، خلافاً لمرتكبي

العنف الأسري الذين التقيتهم والذين يَلْقَوْن الإدانة من حولهم. أما الغرض الرئيس من هذا النوع من العنف فهو السيطرة على جِنسانية النساء من باب الحفاظ على روابط الدم وعلى التغاير الجنسي.

في ميدان عملي، التقيتُ بموظفين من اختصاصات ومنظمات وهيئات رسميّة مختلفة، لكل منهم منصبه وسطوته، كما التقيتُ بالضحايا مباشرة. ولقد اتضح لي بفعل ذلك النقص الهائل في المعرفة الخاصة بالعنف المرتبط بالشرف والمؤدّي إلى عواقب وخيمة تعاني منها الضحايا.

لم أتوقف يوماً عن العمل السياسي، وبطبيعة الحال طرحت هذه المسائل كلما سنحت لي الفرصة ذلك. وسرعان ما تجلّى لي وجود كمّ هائل من التصدي السياسي للخوض في هذا النوع من العنف. فغادرت صفوف الحزب الذي كنت أنتسِب إليه لأنضوي في آخر يضمّن بيانه السياسي التأسيسي أجندة نسوية، وهو ما كان شرطاً مسبقاً وأساسياً للعمل على هذا النوع من العنف. لكَن، حتى هنا، واجهت الرفض واضطررت إلى التخلّي عن انتمائي الحزبي. ولا بدّ من الإشارة إلى أن لكل من العنصر المركزي في العنف المرتبط بالشرف والسيطرة على جنسانية النساء، وأسطورة غشاء البكارة، ومراقبة العذرية، علاقات واضحة ووثيقة بالحفاظ على أدوار جندرية نموذجية وبالاستمرار في إخضاع النساء. ولقد تأكد لي ذلك أكثر من خلال المقابلات التي أجريتها مع الشابات، فرأيت أن هذا النوع من العنف يشكّل تهديداً

قوياً للسياسات المؤيدة للمساواة بين الجنسين. وأنا الآن أعمل مع كافة السياسيين في البرلمان السويدي الراغبين في التغيير، بغضّ النظر عن الانتماء الحزبي.

تجدر الإشارة هنا إلى أنني ووجهت بالرفض من داخل الميدان السياسي عندما سلَّطت الضوء على معنى الدين والتقليد في القمع النسوي، ولا يزال الخوض في تأثير الدين على حياة الناس وقيمهم محرّماً. وفي الدراسات الاستكشافية في الدول العلمانيّة، أي حيث التشريع يفصل بين الشؤون الزمنية والدينية، لكون هذه وتلك مسائل خاصةٍ، ثمّة من يدّعي أن السويد هي الدولة الأكثر انعتاقاً من الدين في العالم، مع أنه لم يُعمل على تفكيك الكنيسة إلا منذ سنوات قليلة خلت، لأن الدولة الدينية كانت القاعدة منذ عهد غوستاڤ ڤازا (Gustav Vasa) في القرن السادس عشر. أما بالنسبة إلى التعليم المسيحي، المستند إلى تفسير مارتن لوثر للكتاب المقدس، فإنه كان، ولزمن طويل، المادة التربوية الوحيدة، كما درج الكهنة على عقد اللقاءات الأبرشية لهذه الغاية. كانت الكنيسة في غالب الأحيان السلطة المكلّفة بفرض العقوبات على الانتهاكات الأخلاقية، وهي عقوبات كانت ترتكز على النصوص الدينية. وفي اللاحق من العصور، أحيلت مهمّة إنزال هذه العقوبات بمرتكبي الجرائم الأخلاقية إلى المجتمع الزمنّي.

إن أسطورة العذرية أو «أسطورة غشاء البكارة» القائلة بوجوب أن تنزِف الشابة ليلة زفافها، لا تزال قائمة حتى في المجتمع السويدي.

14

وتعني مراقبة الجنسانية خطراً مميتاً ليس للنساء وحسب بل وللرجال أيضاً، وذلك حول العالم حيث مفهوم الشرف قوي وحيث يلقى له تعزيزاً نتيجة تفسير النصوص الدينية، أو حيث يشكّل الدينُ شريعة الدولة. فحيثما دخل الدين في السياسة، وحيثما شكّلت النصوص الدينية شريعة الدولة، كانت حقوق النساء والأطفال عُرضة للكثير من الإهمال.

في النقاش السائد في السويد، يدّعي أصحاب الآراء النقيضة لرأينا هذا أن الكلام في العنف المرتبط بالشرف يدخل في باب أذِيّة المهاجرين، فإذا بنا نصبح، نحن المضيئين على هذه المسألة، هدفاً للوصف بالعنصرية في غالب الأحيان، مع أنَّ هذه الحيثية في الواقع غريبة وغير مألوفة، لأن العنف عنصري بحدّ ذاته.

إن معظم الأشخاص الذين قابلتهم والذين بلغ عددهم مئة وخمسين على امتداد السنوات القليلة الماضية قالوا إنهم لا يستطيعون الاقتران بشريك ينتمي إلى إثنية أخرى أو إلى عرق آخر أو إلى هوية دينية أخرى؛ وهذا ليس عنصرياً بل تمييزياً. كثر هم المؤمنون بأنهم ولدوا في دين، وأن هذا أمر «جيني»، ما يؤدي إلى نشوء إرباك يمتزج بموجبه الانتماء الديني بالانتماء العرقي أو الإثني، وهو ما يطلَق عليه اسم «العنصرية». كما أن العديد من أولئك الذين اختاروا أن يشكّلوا جزءًا من «الشبكة المناهضة للعنف المرتبط بالشرف» (وقد كنت أحد أعضائها المؤسسين) هم أنفسهم من المهاجرين أو هم منضوون في منظمات تصدّت، في

بلدان منشئهم، لهذا النوع من العنف، من باب نصرة حقوق الإنسان والديمقراطية. أضف إلى ذلك أن العنف المرتبط بالشرف قمعي للغاية حِيال مجتمع المثليات والمثليين ومزدوجي الميل الجنسي ومغايري الهوية الجنسانية (أي ما يسمى بـ«مجتمع الميم»)، وهو يبرز باضطراد حول العالم، ما يعني أنه ليس مشكلة «سويدية» معزولة، بل مشكلة دولية. ولا يسعنا هنا إلا أن نذكِّر بأن هذا النوع من العنف يتزايد في حالات الحرب، حيث الاغتصابات المنتظمة تهدف إلى «هتك أعراض نساء العدو»، وفي كنف العائلة؛ كما يَنْظُرُ ممارسوه إلى المرأة بوصفها مَتاعاً يُشرى ويُباع ضمن العائلة، أو من خلال الاتجار بالرقيق والجنس الذي يزدهر في أعقابَ الحرب. وبناء عليه، يتّضح لنا أن العنف المرتبط بالشرف هو عنف واسع الانتشار حول العالم، ويجد له ما يشجّع عليه في التقاليد المحافظة والدين المُمارَس بطريقة متزمتة.

ثمّة أيديولوجية واضحة المعالم داخل بعض الحركات النسوية السويدية، تتكلم على «عنف الرجال ضد النساء». وهذا كلام انفصالي الطابع والمضمون لأنه يقصي الرجال عن الكفاح ضدّ العنف، علماً أن هذا الموقف يجعل من النساء ضحايا ومن الرجال مرتكبين. لقد شكّلنا الشبكة المناهضة للعنف المرتبط بالشرف لأننا وجدنا هذا النوع من العنف يؤثر على النساء والرجال والأطفال، كما رأينا أن النساء والرجال حول العالم يتكتّمون عليه. فمنذ سنة تقريباً، شعرت أنني ضقت ذَرْعاً بالنقاش المربِك والعقيم الذي ساد في السويد لأعوام عدة، والذي

كنت ضالعة فيه وإن جزئياً.

إن الغرض من هذا الكتاب هو إظهار أهمية تحرر المرأة، الذي وإلى حدّ ما، تمّ تجاهله وحجبه بسبب المواقف الأيديولوجية التي سبق لعضوات الحركة النسوية في السويد أن درجن على اتخاذها حِيال العنف الذكوري ضد النساء. كما أنني أبتغي من هذا الكتاب إلقاء الضوء على النساء من ذوات الشجاعة اللاتي جَرؤن على الخَطْو قُدُماً في هذا المجال، وذلك في غالب الأحيان، على حساب سلامتهن ومشاريعهن المستقبلية، وهنّ اليوم يجدن أنفسهن ملزمات بدفع ثمن استثنائي لموقفهن. في بعض الأحيان، تحقق النساء تحرّرهن في أقل من أربع وعشرين ساعة، لكن هذا التحرّر اقتضى منا ليتحقق في السويد قرابة القرن، علماً أننا عرفنا قرنين من السلام ساهما بطبيعة الحال في تمكين النساء من العمل على تحسين أوضاعهن. وهنا لا بدّ من القول إنه لا ينبغي التقليل من أهمية التعاون مع حركة الطبقة العاملة وانتقال العمل الاجتماعي من الكنيسة إلى الدولة، علماً أن البلدية لعبت دوراً ذا أهمية قصوى. وإن كان الدين قد انتهى إلى لعب دور ثانوي، فلأن الفضل يعود إلى التقدم السياسي النسوي الذي شهده القرن المنصرم. غير أن القوانين لا تغيّر المواقف ولا السلوكيات. لذا، فإن ما ينتظرنا من عمل لا يزال هائلاً. عندما تُسْأَل ضحية الاغتصاب عن سلوكها أو اختيارها لملبسها قبل وقوع الجريمة بحقّها، فإنها تستحضر القيم القديمة وأصولها في النصوص الدينية، حيث نقرأ أن «حواء مُدانة إلى أبد الآبدين لارتضائها أن

تتكلم الأفعى بلسانها». إن النظرة إلى المرأة بوصفها مومساً أو عذراء صفيّة نقيّة لا تزال تجد لها ما تستقوي به في النصوص الدينية، وبخاصة منها تلك التي تنطِق بها الديانات التوحيدية، أي اليهودية والمسيحية والإسلام. ولقد عمد الإكليروس، أي السلطة الدينية البطريركية (أي الأبوية)، إلى اعتماد هذه القيم وتفسيرها في كل مكان من العالم كان فيه وجود لهذه الديانات.

وإن اعتمدت في عملي المقابلات فلأنني أودّ إلقاء الضوء على تقاليد الشرف التي أُدمِجَت في النصوص الدينية التفسيرية لأغراض أبويّة وعنصرية، ولَفْت القارئ إلى أن هؤلاء المفسّرين قد اختاروا التوكيد على بضعة عناصر بدا واضحاً أنهم لم يهتموا بلحظها إلا لإخضاع النساء. إن أسوأ أنواع القمع هو ذاك الذي يجعل من الدين والقيم الدينية الركائز الوحيدة للقانون- وبخاصة عندما تتصدى للنساء والأطفال وأبناء مجتمع الميم، بغضّ النظر عن الجنس. إن العنف المرتبط بالشرف هو، كما سبقت إلى القول، كاره للنساء، عنصري وكاره للغيرّية وهدفه الرئيس السيطرة على الجنسانية النسوية. إن أهمية الذريّة أو النسل القاضية بالحفاظ على روابط الدّم يضمن استحالة تكوّن العلاقات المختلطة، كما أن المرأة معرّضة خلال الحرب لخطر الاغتصاب لأن المرأة المغتصبة «تخزي العدو أي تجرّ العار عليه وعلى ملكيته». ومن هنا، فإن الحفاظ على الملكية وصيانتها من خلال المرأة يحوّل هذه الأخيرة إلى أثاث أو ملك منقول كي لا نقول إلى رقيق يُشرى ويباع من خلال عقود الزواج.

وبالإضافة إلى ذلك، فإن أهمية الجنسانية تجعل من، أي شيء، يتهدّد التغاير المعياري بـ«خطر داهم».

يخوض هذا الكتاب في مقابلات معمّقة مع سبع نساء راشدات كنت معهن على تواصل في السويد حيث تعرّضن، وبعضهن ما يزال يتعرّض، للقمع المرتبط بالشرف، مع أن معظمهن قد قضَيْن العدد الأكبر من سنوات حياتهن في السويد. يعود منشأ أولئك النساء إلى دول مختلفة، ولقد أبقينا على التواصل بيننا على امتداد السنوات من خلال اللقاءات والمحادثات الهاتفية والرسائل البريدية الإلكترونية، وهو ما أتاح لي متابعة مسارهن التحرّري. ولقد عُنِيَت المقابلات بإبراز قصصهن منذ الطفولة وحتى اللحظة التي عقدت فيها اللقاءات التي طرقتُ فيها وإيّاهُنَّ مواضيع عدّة كالطفولة، والشباب، والتربية وأوقات الفراغ، والصحة الإنجابية والجنسانية، والعلاقات الاجتماعية، والزيجات وكيفية النظر إلى العنف المرتبط بالشرف، والدراسة، والخِيار الوظيفي والأحلام المستقبلية. وسرعان ما قررت اثنتان من عضوات هذه المجموعة عدم المضي قدماً في هذا المسار، إذ امتنعت الأولى عن المتابعة بعد أن بدأت المقابلة بقليل، فيما امتنعت الثانية في نهاية المسار، عندما أنجز تحرير نصّ المقابلة. ويعود السبب في ذلك إلى العلاقة المعقدة والمتناقضة مع عائلاتهن، ولقد وجدت في موقفهما ما يدعو إلى الأسف وإن استطعت إلى تفهّمه سبيلاً. كما أنني حَرَصْتُ في النصوص الموثَّقة لهذه المقابلات على إبراز الروابط القويّة بما لا يصدّق، الموجودة

في هذه العائلات المصابة بنوع من الخلل الوظيفي، وتسليط الضوء على الصعوبة القصوى التي تكابدها أولئك النساء الشابات لقطع صلاتهن بعائلاتهن والمضي قدماً في حياتهن. ونتيجة لهذه الصعوبة، نجد أن القرار الأسهل الذي تنتهي إليه أولئك المعنَّفات هو اختيار مسار يقتضي منهن التأقلم ومطالب العائلة كما الانصياع لمزمات النظام العائلي الداخلية.

لقد كان إذاً لكل من عملي الاحترافي وضلوعي الطَّوْعي في الشبكة المناهضة للعنف المرتبط بالشرف أن قادني إلى التواصل مع أولئك النساء الشابات. في تلك الحِقبة، سألتهن المشاركة في وضع الكتاب، وما لبث التواصل الاحترافي الذي كان لي مع كل منهن أن قادنا جميعاً إلى تعاون إرادي مطلق؛ إذ أجازت لي كل منهن استخدام قصتها في الكتاب، مساهِمةً بفاعلية في إنتاج نصوصه المعبّرة بصدق وأمانة عن وجهات نظرها ونقدها.

منطلقات البحث الميداني: الخلفية الشخصية

إنني أحتكم على خبرة طويلة في العنف الواقع داخل العلاقات الضيقة سواء على الصعيد الشخصي أم على الصعيد المهني. إذ عالجت خلال السنوات الخمس عشرة الأخيرة، مسائل عنفية نشأت في صلب علاقات ضيقة، وخصّصْتُ السنوات الخمس الأخيرة تحديداً للعنف المرتبط بالشرف. وعلى امتداد العقود الثلاثة التي خبرت خلالها السياسة والالتزام بالعمل النقابي، شكلت ليَ فهماً للمشكلات وللتفكير

الذي يعتمد الجندرية منظوراً. ولقد كان لهذه الخبرة أن لفتَتْني إلى أن الصعوبات أكثر عمقاً عندما تنشأ في دولة مثل دولتنا لا يزال أمامها مسار طويل تسلكه لتحقق المساواة الاجتماعية. صحيح أن القواعد والقيم التي أرساها كل من الدين والتقاليد لا تزال تتمتع بمنزلة قوية، لكن عندما يتعلق الأمر بالمساواة، نرى أن المعرفة لا تزال في غالب الأحيان سطحية.

أتى ضلوعي في المسائل العنفية المرتبطة بالشرف نتيجة عملي المهني الاحترافي، ونتيجة لقائي بأولئك النساء اللاتي خضعن له. كما أن لي شيء من التأثير أمارسه من خلال عضويتي في «الشبكة المناهضة للعنف المرتبط بالشرف» والتزامي بمبادئها وتطلعاتها. فأنا كنت ناشطة نسوية منذ سنوات مراهقتي. وأرى، كما غيري كثر، التهديد الذي يمثّله هذا النوع من العنف بالنسبة إلى المساواة. إذ، ثمّة حركة ارتجاعية عالمية تتعلق بالمساواة بين النساء والرجال، حيث التعسفية أو الدوغماتية الدينية والتقليدية تشكلان عنصران لا يستهان بهما لكون هذه القوة المزدوجة تَسُدُّ الدربَ أمام تقدم عالم يحترم حقوق الإنسان. إنه من الخطر والسذاجة في آن ألاّ نتنبّه إلى أن لهذه القوى ارتباطات واضحة بالتطرفيّة؛ ومن الواضح بالنسبة إليّ حاجتنا إلى مجتمع زمني يستقوي بنظام مدني شرعي مرتكز على حقوق الإنسان، يسعى بموجبه إلى الحفاظ على الديمقراطية وحرية التعبير. كما أن هذا النظام هو الأفضل للحفاظ على الحرية الدينية أو حرية المعتقد، لأنه ينظر إلى الدين بوصفه

مسألة شخصية خاصة.

إننا نشهد الآن على إعادة تفسير أكاديمي للأسس التي يقوم عليها التمييز بين الجنسَيْن، وهو أمر بات مألوفاً بنظرته إلى النساء بوصفهن مجموعة أقليّة. هذا ما يُطلق عليه اسم «التقاطعية» وهو مصطلح يعني باختصار وجود آليات مختلفة من القمع تعمل سوياً، وهذا واضح في العنف المرتبط بالشرف. لكن مع ذلك، لا يجرؤ العالم الأكاديمي أن يأخذ هذا النوع من العنف على محمل الجِدّ. إذ حتى قبل أن تصبح مفهوماً، كانت «التقاطعية» معروفة جيداً لدى الحركة النسوية، لكونها تؤثر على النساء تحديداً. لكن قلّة الاهتمام وصلت حدّ عدم رؤية القمع الذي تتعرضن له. من هنا، فإنه يمكن للعالم الأكاديمي، عدا استثناءات قليلة، أن يعتبر نفسه مشاركاً في الارتجاعية التي تشهدها السياسات الداعية إلى تحقيق المساواة. من ذا الذي يعتقد أنه لا يحقّ للمرأة الشابة باختيار حياتها الخاصة؟ ينطوي الجواب عن هذا السؤال على مفارقة واضحة، ذلك أن النساء اللواتي يخضعن للعنف المرتبط بالشرف، سواء أكنّ في السويد أو في أية دولة أخرى، هن اللاتي يعتقدن أن المرأة مجرّدة من هذا الحق.

إن العنف المرتبط بالشرف مفهوم ثقيل؛ وواقع أنه عنصري وكاره للغيريّة لا يجعل منه مسألة سهلة. عندما قام جزء من الجناح السياسي اليساري، المتّخذ له موقعاً بين النسويات الشابات والباحثات/ الباحثين المعتمدين موقفاً ثقافياً نسبياً، بردّ فعل قوى حِياله، لم أستطع أن أجد إلا

تفسيراً واحداً: ردة الفعل هذه كانت دلالة على الموقف الوطني المتنامي لدى الجناح اليساري، حِيال مسألة الأصولية الدينية وهو موقف حِيال الأصولية السياسية كذلك. ومن الناحية السياسية، فإنه من الملاحظ أن المرء لا يريد أن يتنبّه إلى الأصوات الخفيضة الضالعة في العنف المرتبط بالشرف، والمتّصفة باحتقارها للنساء والمعتمدة لنظرة محافظة في النساء تشوبها الكراهة والعنصرية.

إنني ألقى كمّاً جيداً من الدعم في عملي المهني والتطوعي الهادف إلى الحَدّ من العنف المرتبط بالشرف، ليس أقلّه ذاك الذي تزودني به الشابات اللاتي أصادفهن في نشاطي اليومي. إن هذا الدعم المضاف إلى التزامي النسوي الطويل الأمد شكلا بالنسبة إليّ حوافز قوية، وأَمَلي أن تفتح قصص الشابات عيون الناس الذين لم يفهموا حتى الآن الخطر الذي يمثّله مجتمع يعمل على تسخيف العنف أو إخفائه باسم الشرف. كما أنني آمل أن يبثّ كتابي هذا الشجاعة والأمل في نفوس الشابات والشباب الذين لم يجرؤوا بعد على البحث عن المساعدة على وقف العنف المرتبط بالشرف الذي يخضعون له ويعانون منه. أخيراً وليس آخراً، آمل أن تلهم هذه القصص أولئك القابضين على زمام الأمور في السلطة، وأن تحثّ الباحثين الممتهنين على حركة أكثر نشاطاً وعلى قرارات تضمن لكل الشباب في السويد الإفادة من الحقوق الإنسانية عينها، بغضّ النظر عن النوع الجنسي أو الجندر، والإثنية والانتماء الديني. وبطبيعة الحال، آمل أن يعرِض الكتاب، وعلى نحو لا محاباة

أو انحياز فيه، حياة كل من أولئك النساء الشابات، وأن يمُدّ كلاً منهن بالأمل في التغيير داخل أُطرهن العائلية، وأن يشكّل بالنسبة لغيرهن نِبراساً يَسْتَضِئْنَ به للخروج من ظروف مماثلة. وقبل الخوض في قصة هذه أو تلك، أقدم كلاً منهن بعجالة.

صوفيا

التقيت بصوفيا قبل أن تنتقل أول مرة إلى ملجأ يأوي النساء المعنَّفات؛ ثم تكثَّفت لقاءاتنا في المراحل التي احتاجت خلالها إلى الحماية من عائلتها. ومنذ تلك الأيام ونحن على تواصلنا الذي بات يربو على عدة أعوام.

لورا

اتصلت لورا بي من خلال صديق مشترك، عندما علمت أنني أعالج المسائل النسوية وبخاصة منها مسائل العنف المرتبط بالشرف. كانت لورا تحتاج في تلك الحِقبة إلى الدعم في عملية انتقالها من منزلها، فكان لقاؤنا في ربيع العام 2007.

مريم

تواصلت مع مريم منذ نحو أشهر ستة على هامش مقابلة كنت أجريها مع امرأة أخرى. وعندما علمتْ بموضوع كتابي، قررت المشاركة في محتوياته من خلال إدراج سرديتها فيه وهي تظهر كيف أنه يمكن للعنف والقمع باسم الشرف أن يؤدّيا إلى عواقب وخيمة بالنسبة إلى مَنْ كانت في مقتبل العمر.

آيدا

التقيتُ بها خلال عملي مع نساء كن يُقِمْنَ في ملجأ للنساء المعنَّفات. كانت عائلتها قد سافرت بها خارج البلاد، ثم عادت في ظلّ ظروف مأساوية، لتجد لها سكنى في ملجأ من النوع المشار إليه توّاً. في تلك الأيام، كانت لها علاقة بأحدهم، غير أن هذه العلاقة لم تدُم واضطرت إلى التعامل مع وضعها الصعب قبل أن تجد لها شقة تأويها وعملاً تسترزق به. دام تواصلنا نحو أربع سنوات.

سوزان

اتصلتْ بي من خلال أحد المعارف وبدأنا نتقابل من وقت إلى آخر. أما السبب الذي دفعها إلى الاتصال بي فهو ما تناهى إلى مسمعها عن اهتمامي بالعنف المرتبط بالشرف. ولقد استمر تواصلنا طوال سنتين تقريباً شهدت العديد من لقاءاتنا.

في العشرين
يبدأ الهريان

قصة صوفيا

كانت صوفيا في الثالثة من عمرها عندما حلّت عائلتها في السويد، آتِيَة مما كان يسمى آنذاك «فلسطين»، وذلك عبر الدانمارك وألمانيا. ولصوفيا أربعة أشقاء وشقيقات، وهي اليوم تبلغ العشرين من عمرها.

تقول صوفيا:

– تزوجت أختي، البالغة من العمر تسعة عشر عاماً، من أحد أصدقاء والدي. كان والدي غيوراً للغاية، ولم تعجبه الخطّة، فكان زواجها تعيساً. إنها تخضع للمراقبة القاسية، وهي في غالب الأحيان ملزمة بالاعتماد على نفسها.

هربت صوفيا للمرة الأولى من البيت عندما هدّدها أهلها بتزويجها رغماً عنها. كان المتقدم الأول لطلب يدها ابن عمّ صهرها الذي كان يعيش في لبنان. ومع أن الأخت كانت تعلم أن لصوفيا صديقاً في لبنان، إلا أنها لم تولِ الأمر أية أهمية تذكر. وعوض ذلك، راح كل من الأخت وزوجها يصرّان على الأهل حتى انتهيا بهما إلى قبول ابن عمّ الصهر.

– قال لي صهري وأختي: «لا يسعك الذهاب بمعيتنا إلى لبنان

على نفقته». وبالنسبة إلى والديّ، فإنهما لم يجبرانني على أي شيء. لكن في واقع الحال، كنت أعلم أن عليّ القبول بالزواج الذي لم أكن أريده؛ أمام هذا الوضع، وعدني أخي بأن يحميني، لكن عندما احتجت إلى الحماية، خذلني.

الآن، لديّ رجلان في حياتي- الشاب المقيم في لبنان وابن عمّ صهري. لم أكن أعلم من يجب عليّ اختياره. لاحقاً، وقبل هروبي من المنزل، تقدّم شخص آخر طالباً يدي. كان يبلغ من العمر خمسة وثلاثين عاماً ويحمل الجنسية السعودية. لم يقبل به والدي لأنه وجده متقدماً في السنّ. غير أن أمي حاولت التأثير على والدي علّه يغيّر رأيه. كان طالب يدي للزواج ميسور الحال، والمال مهم بالنسبة إلى والدتي، خلافاً لوالدي الذي أراد لي رجلاً جيداً خلوقاً، في حين كانت والدتي ترى أن ثرائه يكفي، لأنه سيتيح لي رغد العيش ويقيني من العوز الذي عرفت عائلتي مُرّه.

بالنسبة إلى أهل صوفيا، كان الرجل المثالي هو ذاك الذي يصلي ويصوم ويضطلع بكل عبادات الإسلام. وكان عليه أن ينتمي إلى الثقافة نفسها والبلد نفسه والقرية نفسها إن أمكن. وكان لزاماً على من يتقدم لطلب يدها ألا يكون لبنانياً أبداً، بل فلسطينياً يقيم في لبنان كما كانت عليه حالهم جميعاً. لم يكن الوالد يريد أن تكون له ارتباطات أو جذور لبنانية.

المحاذير والأكاذيب

لا تذكر صوفيا من طفولتها أي شيء مسموح. إذ كان كل شيء تقريباً محظوراً. فعلى سبيل المثال، كان يحظَّر عليها اللعب مع الصبيان، أسوة بغيرها من بنات جيلها اللاتي ما أن تبلغ إحداهن السابعة من عمرها حتى تُمنَع ليس من اللعب معهم وحسب، بل ومن التحدث إليهم. تقول صوفيا: «عندما رآني والدي مرة برفقة صبي، انهال عليّ ضرباً مبرّحاً. كانت والدتي قد طلبت مني ألا أقول إنها هي التي أجازت لي بلقاء الصبي، لأنه لو افتُضِحَ أمرُها لكانت لَقِيَتْ المصير نفسه».

وبهذا، أصبحت الأكاذيب الخبزَ اليومي منذ السنوات الأولى، وراحت تشمل حتى أتفه الأمور.

الأشقاء والشقيقات

نشأت صوفيا وشقيقاتها وأشقاؤها في بيئة عائلية تعتبر الوالد على حقّ دائماً في ما يفعل ويقول. وكان للعائلة عالمها الخاص، الذي لا يجوز النظر إلى غيره لأن الآخرين، أيّاً كانوا خارجه، مرفوضون في نظر الأهل. تروي صوفيا:

– كان أبي يقول: «إن السويديين لا يريدوننا، بل يريدون منا أن ننجب لهم أولاداً يجعلون منهم سويديين»؛ هذا ما كانوا يقولونه لنا في طفولتنا. لذا ما كنت أستطيع أَن أبنيَ ليَ صداقات مع أشخاص من اختياري. ولقد درج أهلي على عزلنا على الدوام،

بحيث لا نعلم كيف يتصرّف الآخرون، ولا نعرف بالتالي التمييز بين ما هو صائب وما هو باطل. لهذا السبب اعتملت نفس والدي بالشكّ عندما أوشكت دخول الجامعة. وفي اللاحق من الأيام، لم يجد حرجاً في القول إن ارتيادي الجامعة هو الذي أتاح لي بتكوين صداقات أرخت بتأثيرها السّيئ عليّ.

يبلغ شقيق صوفيا السابعة والعشرين من العمر، وهو لم يحظَ يوماً بصديقة أو حبيبة. وعموماً لم تره صوفيا يوماً يحدّث فتاة أو يرافقها. لذا، فهي تعيسة لأجله. إنه خجول للغاية، ولا يجرؤ على التحدّث مع أية فتاة، بل إنه يخشى التقرب من أية امرأة والارتباط بها بأية علاقة.

عندما بدأ الأخ بارتياد الجامعة، كان يقطع كل يوم مسافات طويلة بين المنزل والجامعة. كان من الممكن أن يجد له سكناً قرب الجامعة، بحيث يوفّر عليه عناء التنقلات اليومية، لكن عائلته رفضت أن يبتعد عنها، بذريعة أنه لا يجيد الطهو ولا يستطيع تحمّل مسؤولية نفسه. وعندما كان يؤوب إلى المنزل متأخراً في الليل، كانت زوجة أخيه تحضّر له الطعام مضمِرَةً سَعْيَها لتزويجه بشقيقتها.

المساعدة في المنزل

كان على صوفيا على الدوام المساعدة في الأعمال المنزلية، كالغسيل والطبخ وغيرها من الأمور بالإضافة إلى العمل خارج المنزل، فيها كان الوالد لا يفعل شيئاً ولا يقوم حتى بترتيب فراشه. أما الأم فلم تكن تعنى إلا بتحضير الطعام وإن حصل أن غسلت الصحون، عرفت

العائلة برمتها بالأمر، وخضعت صوفيا للتوبيخ لأنها تركت أمها تفعل. وفي تلك الحِقبة التي كانت تعيش فيها في المنزل مع والديها، كانت صوفيا ووالدتها تتشاجران من وقت إلى آخر. تقول صوفيا:

– كانت والدتي تدّعي أنني لم أغسل الأواني والملابس جيداً. فكنت أعترض قائلة: «لقد قمت بالأعمال المنزلية لكنك ما زلت غير راضية. أنا لا أبتغي عرفاناً منك بجميلي، بل فقط بعضَ اللطف في تعاملك معي»، فكانت تردّ ساخطة: «ماذا! أيجب عليّ أن أتقدم منك بالشكر. أنا مَن أنْجَبْتُكِ وأَنْشَأَتْكِ طوال السنوات الماضية وأنا من تحمّلت والدك. لولا وجودك ووجود إخوتك، لكنت بنيت لنفسي حياة أخرى!».

يومها، جلس أخي مصغياً لحوارنا المرير، وقال لأمي إنني أقوم بكل ما لا ترتضي أية ابنة أخرى القيام به. ومع ذلك، أُخْضَع لسوء المعاملة. أحسست حينها أنه، ورغم كل شيء، يقف في صفّي. والدتي مرّة الطبع حقاً.

أما والد صوفيا، فكان سريع الغضب، لا يجد صعوبة في الانهيال عليها بالضرب، كذاك المساء الذي عادت فيه متأخرة إلى المنزل، أي عند الساعة الثامنة. تقول:

– في إحدى المرات، ضربني والدي لأنني أمضيت بعض الوقت في منزل صديقة لي، وعدت متأخرة بعض الشيء. يومها، لم يتدخل أحد من أفراد العائلة لكفّ يده عني. لم يكن ما كابدته

صفعة بسيطة بل إنه أخذ حزامه الجلدي وراح ينهال به على عليّ ضرباً. وأمام هذا المشهد، لم تقل والدتي إلا أنني استَحْقَقْتُ العقاب لأنني أصبحت «سويدية». كما أنها تضربني هي الأخرى، ثم تشكو مما يسببه تعنيفي ليدَيْها من ألم. أمي ملاكمة من الطراز الأول. لقد أمضيت كل سني طفولتي ومراهقتي أعاني سوء معاملة أبويّ، حتى انتهيت إلى الاعتقاد أن ضرب الأولياء للأبناء وللبنات أمر طبيعي، لا ضَيْر منه.

لا تزال صوفيا تعاني من وقت إلى آخر من هذا العنف معاناة سيكولوجية تماماً كأختها الكبرى، التي كانت قبل زواجها، تُضرب هي الأخرى يومياً، ولا تجرؤ على الاعتراض.

تقول صوفيا:

‫- قلت مرة لأمي إن ضرب الآخرين ممنوع. لكنها غضبت مني. وعندما لجأت في أحد الأيام إلى أختي، وذكرتها كيف كان أبي يضربني بهوائي الراديو، لم تقل إلا أنه يحِقّ له ضربي بصفته والدي، مضيفةً: «لقد فعل الشيء نفسه مع كل واحد منا وما من أحدنا جرؤ على التصدي له». إذ ذاك قلت إنني لن أسمح لزوجي بضربي، بل إنني أرحل عنه إن فعل! وأمام إصراري على رأيي، راحت أختي تشرح لي واقع حال لا بدّ لي من تقبله قائلة: «الرجل رجل والمرأة امرأة، وللرجل الحقّ في ضرب زوجته إن هو غضب منها».

لا تعتقد صوفيا أن أمها ضُرِبَت في منزل والديها. لكنها لدى انتقالها إلى منزل الزوجية، أصبح ضرب زوجها لها أمام الأولاد المرتجفين خوفاً أمراً عادياً. كان العنف سائداً بين الأبوين، والشجارات موصولة والمواجهات تستقوي في بعض الأحيان بالآلات الحادة كالسكاكين وما شاكل. وما زالت صوفيا تذكر ذاك اليوم الذي أدخل فيه أخوها إلى المشفى نتيجة الضرب المبرّح الذي خصّه به والده. تقول:

– كان أخي في الخامسة أو السادسة عشر من العمر يوم عاد من تدريب في ملعب كرة القدم. طلبت منه والدتي أن يبتاع لها شيئاً من الدكان، فرفض لأنه مرهق. فما كان من والدي إلا أن لكمه على أذنه، ورأسه، فراحت الدماء تتطاير. حضر المسعفون ونقلوه إلى المشفى حيث انهمك الأطباء بإيقاف النزيف دون جدوى، تاركين والدي باكياً نادماً على ما فعل. كنت يومها صغيرة السنّ ولم أفهم السبب في هذا العنف، ولا في تناثر الدماء في كل أرجاء الغرفة، تماماً كما لم أفهم السبب في ندم والدي على عنف ارتكبه في حين كان قادراً على اجتنابه. وبالإضافة إلى ذلك كله، كان الاضطراب دوماً سيّد الموقف. فنحن كنا أيامها لا نزال نقيم في مخيم للاجئين ننتظر أن يُجاز لنا بإقامة شرعية في السويد.

لا تزال صوفيا تذكر العنف المنزلي الذي عاشته، وتستحضر تلك الواقعة التي شهر خلالها أخوها السكين في وجه والدته. يومها، لم تأتِ الفتاة بأية حركة، بل سارعت إلى دخول غرفتها ودفن رأسها تحت

الوسادة باكيةً، آملة أن يتوقف أهلها عن الصراخ والاقتتال.

غياب شبكة الأمان

لم تكن عائلة صوفيا محاطة بشبكة أمان، ولم تستطع يوماً لا هي ولا شقيقتها زيارة صديقة أو المبيت في منزل قريبة. وهي لم تدرك أن العنف الساكن منزلها أمر ممجوج إلا عندما وصلت الصف السادس، لأنها أنشأت على أساس أنه مسموح لا ضير منه، وهو ما كانت تعتقده غالبية بنات صفّها ممن تربَّين على اكتساب هذه الثقافة. تقول:

- درج والدي على القول إننا وحدنا على صواب وإن كل مَنْ حولنا على خطأ. إننا وحدنا في رأس القائمة وكل من حولنا في أسفلها. كانت سمعة الجميع ملوّثة، أما سمعتنا فكانت وحدها نقيّة صافية، لأننا لا نأتي بالباطل. لا أظن أن والدي كان يدرك صعوبة إرضاء الناس ولا ميلهم إلى النميمة والثرثرة عنا وعن غيرنا، أيّاً كان ما نأتي ويأتون به من أفعال. لقد تربى على الاعتقاد الراسخ بأنه الأفضل وأنشأنا بحيث نقبِل على الاعتقاد عينه.

في المدرسة، طُرح يوماً للنقاش موضوع تأثير العنف على سيكولوجية المرء، من خلال السؤال: «ما معنى أن يكون المرء هدفاً للاعتداء الجسدي أو النفسي، وكيف يؤثّر عليه هذا وذاك؟». صعق السؤال صوفيا التي كانت قد سمعت بلفظ «الاعتداء» لكن من دون أن تدرك معانيه ولا مفاعيله. سألت صديقتها: «أيكون ضرب الأبناء

اعتداءً؟ هل تُضرَبين يومياً؟». أجابت الصديقة: «هِسْ! اصمتي!» ثم ما لبثت أن أردفت: «تعلمين أننا نعيش بطريقة تختلف عن تلك التي ينهجها السويديون الذين يحظّرون الضرب في حين نجيز به». لم توافقها صوفيا الرأي، وكانت تلك المرة الأولى التي عرفت فيها أن ضرب الأولاد في السويد محظور.

التحصيل العلمي

كانت صوفيا البنت الأولى في عائلتها التي تتابع تحصيل علومها العليا. ويوم أوشكت على استهلال العام الجامعي، أتاها والدها ليثنيها عن ذلك. تقول:

– إن والدي، الذي سبق إلى تشجيعي على المضيّ في خطّتي لاستكمال دراستي، غيّر رأيه فجأة، لأنه أدرك أنه بدأ بفقد سيطرته عليّ وأنني بدأت أصبح أكثر تحرراً أي أكثر انتماءً إلى المجتمع السويدي وخَشِي أن يقودني تحصيل علومي العليا إلى سلوك «مسارات باطلة». لذا، انتهى إلى الاعتقاد أن زواجي سيكون الحلّ الأمثل، لأصبح كما أخواتي، ربّة عائلة.

الابتزاز المالي

في بعض الأحيان، كانت صوفيا تَفيد من دعم أخيها خلال جولات العنف التي كانت تتعرض لها، وبخاصة تلك التي يَنتهي إليها النقاش العائلي فيما إذا كان من الممكن لها ارتياد المدرسة أو الجامعة أو الحصول

على عمل. في تلك الأيام كانت حجّتها واضحة: «إن لم أذهب إلى الجامعة، كيف أحصل على منحة تجيز لي باستكمال علومي؟». ومع أنها كانت قادرة على ارتياد الجامعة من دون منحة لإمكانها الحصول على عمل، إلا أن والداها أرادا لها المنحة، بحيث يأخذان المال الذي تنضوي عليه مع أنهما كانا يفيدان من الضمان الاجتماعي السويدي. راحت صوفيا تجِدّ في العمل حتى حصلت على المنحة في الوقت الذي عينه كانت تزاول عملاً.

تقول: «اتفقت وأخي على أن ترسل المنحة إلى عنوانه، فلا يعرف أهلي بقيمتها ولا يستوليان عليها. قلت لهما إنني لم أحصل إلا على نصف قرض أي ما قدره خمسة آلاف كرون، فارتضيا الأمر». لكن عندما وصل المال إلى المنزل، سارعت والدتها إلى أخذه قائلة: «بما أنك استطعت اقتراض المال من الحكومة السويدية، فيجوز لنا أن نقتطع منه لأنفسنا ثلاثة أو أربعة آلاف كرون. قالت صوفيا: «لكن هذا لن يُبقي لي إلا ألفي كرون! ألف لشراء بطاقات الباص وألف لتغطية احتياجاتي الخاصة». ردّت الوالدة: «إنك لا تحتاجين إلا إلى بطاقات الباص، فقط لا غير» وعندما احتجّت بأن لديها كتباً تشتريها، لم يقل والدها إلا: «أعطي المال لوالدتك».

صار النقاش بشأن المال يُطرَق كل شهر حتى أصبح من الصعوبة بمكان بالنسبة إلى صوفيا التركيز على تحصيلها العلمي. لم يكن واقعها المرير هذا ليختلف عن واقع أخيها الذي وجب عليه الامتثال لأوامر

والدِه، وإعطائها المنحة الشهرية. وبهذا لم يحظَ بحياة مستقلة كغيره من رفاقه في الجامعة. وعندما أتى دور صوفيا لارتياد الجامعة، مستعينة بقرض حكومي هي الأخرى، أخضعت إلى الابتزاز عينه.

الاكتئاب

في أواخر مسارها المدرسي، درست صوفيا مادة الأخلاقيات وكانت ضالعة في مشروع حول إشكالية عقوبة الموت. فسألت مدرّستها ما إذا كان من الطبيعي للمرء أن تكون له نوايا انتحارية. كان هذا هو السؤال الوحيد الذي طرحته على المدرّسة التي ما إن وقع في أذنها حتى تخلّت عن الصف وأخذتها بيدها مسرعة بها إلى العيادة التمريضية حيث تحدثت الممرضة مع صوفيا وأعطتها موعداً حضرت صوفيا فيه، مرة تلو المرة لتجلس صامتة ممتنعة عن التفوه بأية كلمة. تقول صوفيا في هذا الصدد:

– لزمت الصمت المطبق لأنني تربيت في المنزل على ألا أقول أي شيء يتعلق به خارجه، ولأن كل ما يجري فيه ينبغي أن يبقى سرّاً. حتى صديقتي الحميمة لم تكن تعلم أن لي صديقاً في لبنان. كنت إذن خائفة، خائفة جداً، وكان كل شيء يبدو لي خاطئاً، وكنت أشعر بكثير من الخجل.

ومع مرور الوقت، أقلعت عن الصمت، ورحت أبوح للممرضة بما يجول في خاطري وبأفكاري ومشاعري. ولقد دأبت على زيارتي العيادة طوال سنة تقريباً. خلال تلك

الحِقبة، جرّدني أهلي من هاتفي الجوال، ورحت أفكر جدياً بإمكانية الهرب من المنزل. كانت أمي تعلم بأن لي تواصل مع أحد الشبان في لبنان لأنني لم أخفِ عنها الأمر، يوم التقيته في سوريا على هامش زيارة كنت أقوم بها مع عائلتي إلى ذلك البلد. عندما علمت والدتي بهذا الأمر، أمطرتني بكل ما يمكن للمرء أن يجده من شتائم تحت الشمس، ليس أقلّها: «عاهرة»، بالإضافة إلى شتائم انطوت على كلمات ما كنت أفهمها ولا أرتضي تكرارها بالعربية، ولا بأية لغة أخرى، لكن فحواها كان: «أنتِ أسفل مَنْ في الأرض. أنتِ لا شيء، لا احترام لديك لأيّ كان ولا تفعلين إلا خديعة الناس». قالت لي هذا، أنا ابنتها، ثم راحت تلكُم وجهي وأذنيّ. سارع أخي إلى حمايتي من ضربات أمي مع أنه كان غاضباً مني؛ ولهذا السبب، جرّدني من هاتفي الجوال لأكثر من ستة أشهر. لكني حصلت على غيره سِرّاً في المدرسة لأن الأمر كان غاية في الأهمية بالنسبة إليّ، كونه أجاز لي التواصل مع صديقي المقيم في لبنان من خلال بطاقة تخابُر خاصة ومن خلال الإنترنت المجاز لنا استعماله في المدرسة. اليوم، عندما استحضر هذا الماضي، أجدني لا أعرف كيف جرؤت عليه؛ مع ذلك فعلت. أما في المنزل، فلم يكن من الممكن لي استخدام الإنترنت لأن أختي كانت تلازمني وتطّلع على ما أفعل بكل تفاصيله. لكن أمي ما كانت غبيّة، فهي سرعان ما فهمت ما كنت أفعله، فصرخت فيّ قائلة: «متى ستتوقفين عن هذا؟ بسببك سيكون مصيري بئس المصير!»

يومذاك، بدأوا يبحثون لي عمن يتزوجني.

العذريّة

- كانت والدتي كثيرة الشكوك، وتكرر عليّ السؤال: «ماذا حصل بينك وبين صديقك؟» ظنّت أن أموراً كثيرة حصلت بيننا. مع ذلك، لم أشأ التخلّي عنه، علماً أن المصير المفرَد لي ما كان ليكون مختلفاً عما انتهت إليه شقيقاتي اللاتي أرغمن على الزواج قبل بلوغ الواحدة منهن سنّ العشرين. لذا، كان عليّ أنا أيضاً ارتضاء الزواج. في ثقافتنا، إن سأل شاب فتاة عن سنّها وقالت إنها في العشرين، بدت له عجوزاً؛ وإن بلغت العشرين ولم تتزوج، اعتقد الناس أن ليس مَنْ يرغب بها، وأن انعدام هذه الرغبة هو ما يفسِّر عنوستها. أما والدي، فكان له تفسيره الخاص لهذا الأمر؛ فهو كان يقول فيه: «عندما تبلغ الفتاة السادسة أو السابعة عشر، تبدأ بالتفتح. وعندما تبلغ العشرين، يبدأ الاهتراء بالنيل منها». إن ما كان يقصده فعلاً هو غشاء البكارة وليس الفتاة بكيانها وعقلها وروحها. مع ذلك كنت أضحك قائلة: «أبهذه السرعة ينال الاهتراء من البكارة؟».

كانت صوفيا تعتقد أن كل هذا الكلام هراء وأن والدها لم ينطِق به إلا ليقنعها بضرورة زواجها باكراً، بحيث إن حملت، تكون عملية الإنجاب أسهل عليها. لكن الحقيقة وراء الحثّ على الزواج كان الخوف من أن تقدم على الباطل أي، كما يقولون، على تضييع عذريتها. لم يكن

والدها غبياً إذن، لأنه كان يدرك أن الأمر لن يطول بها حتى ترغب بتجريب العلاقة الحميمة. لذا انبغى تزويجها قبل أن تفعل.

تقول صوفيا:

– العذرية أهم شيء، ونحن في الإسلام لا نؤمن بإمكانية ألا يكون غشاء البكارة موجوداً. كما لا ينبغي في معتقدنا لا على الفتاة ولا على الفتى فقدان العذرية، وإن كان الحفاظ عليها حتى الزواج مفروض على هذه وذاك. لكن عندما بدأت أطالع القرآن، وجدت تفسيرات مختلفة، إذ قرأت فيه أن الامتناع عن الصوم أسوأ من فقدان العذرية. لكن الناس لا يَرَوْن الأمر على هذا الشكل. إنها مسألة ثقافية إذن.

من ناحية ثانية، كانت صوفيا تسمع والدها يشرح الأمر على الشكل التالي: «إن فقدت الفتاة عذريتها، فهذه كبيرة من الكبائر. لأنها إذ ذاك تعرّض نفسها للحمل بطفل ثم بآخر، من رجل وأكثر. وعندما يكبر هؤلاء الأطفال، يمكن لهم أن يتزاوجوا من دون أن يعرفوا أنهم أخوة، وهذا هو الباطل بعينه. عندما لا تُعرف السلالة، يصبح الأمر استيلاداً داخلياً». قالت له صوفيا إن الأمر نفسه ينحسب على الفتى إن كانت له علاقة بأكثر من فتاة يتركها بعد مجامعتها. وأمام حجّتها هذه لم يقل أبوها إلا: «المرأة امرأة والرجل رجل». ثم تدخلت أمها في الحديث قائلة: «لا نستطع أن نرى ما إذا كان الفتى قد فَقَدَ عذريته أم لا. أما الأمر فواضح للعيان إن حصل للفتاة». ثم سألتها صوفيا عن علاقة

الله بكل هذه الأمور؟ فقالت: «إن فقدان العذرية بالنسبة إلى الفتاة أمر كبير وغاية في الأهمية. لذا، ينهى الله عنه إن كان خارج إطار الزواج».

لم تكن صوفيا تعلم الكثير عن جسدها، وهي لم تسمع بالحيض إلا في المدرسة، علماً أن أهلها لم يجيزا لها يوماً بحضور الدروس المخصّصة للتوعية الجنسية والمساكنة، وحظّروا عليها حضور الدروس في علوم الأحياء. غير أن أختها حضرت بعض منها، بمعيّة بنات جيلها اللاتي كنّ يولين الأمر اهتماماً ويجرؤن على التحدّث فيه. تقول صوفيا:

– سمعت أنه يصعب على المرأة الحمل إن هي استخدمت موانعه، وإن العقم قد يكون من نصيبها. كانت أمي تردد على الدوام أن ما من واحدة من شقيقاتي استعملت هذه الموانع. فأبقين لذلك على خصوبتهن الضامنة لهن إنجاب العديد من الأولاد كما يفترض بهن. المشكلة مع والدتي هي أنها لم تحظَ بحياة سعيدة. ولذا، فهي تعتقد أن على أبنائها وبناتها عدم الحصول عليها.

الهروب الأول

منذ سنوات قليلة، ضاقت صوفيا ذَرْعاً بالظروف السائدة في منزلها وشروط أهلها، فقررت الفرار الذي يعود السبب المباشر فيه إلى التهديد بتزويجها قسراً من ابن عمّ صهرها.

تقول صوفيا:

– خطّطت للفرار بمساعدة ممرضة المدرسة طوال سنة كاملة.

كان المنزل يضجّ بالمشاكل وكان أخي قد جرّدني تواً من هاتفي المحمول، عندما علم بتواصلي مع شاب يقيم في لبنان. فرحت أجمع أغراضي وأعطيها للممرضة التي قامت بدورها بتسليمها لدائرة الشؤون الاجتماعية.

في المنزل، كان الأهل يُخضعونني لمراقبة مشدّدة ويستقصون ما أفعله وأقوله. لذا، كان من الصعب عليّ أن أنسَلّ من البيت. وفي يوم من الأيام، وفيما كان أهلي غائبين، اتخذت القرار بالفرار وهو أمر لم أُعلم به أحداً البتة، ولا حتى صديقتي الحميمة أو جارنا ليو الذي قلت له إنني قاصدة منزل جدتي حيث سأمضي برفقتها أشهراً عديدة.

الإقامة الأولى في ملجأ للنساء المعنّفات

تقول صوفيا:

- حضرت سيارة تابعة لدائرة الشؤون الاجتماعية لتقلني من مكان ما قرب منزلي. لكن الأمور لم تجرِ كما كان مخططاً لها. إذ لم أستطع، لشدة اضطرابي، فتح باب السيارة، وفوجئت بوصول ليو الذي كان قد عمل مترجماً لصالح دائرة الشؤون الاجتماعية، فتعرف إلى أعضائها الجالسين في السيارة ما أثار شكوكه. كانت السيارة مَلْأَى بالأكياس والصناديق. وقف ليو برفقة صديقته مدهوشَين وكنت أخشى أن تطِلّ أختي وهي التي كانت على موعد معها. انطلقت السيارة، وأطفأت هاتفي الجوال.

لم تَبِت صوفيا خارج منزلها إلا أسبوعاً واحداً عادت بعده إلى أهلها، مدفوعة إلى ذلك بعدة أمور أثّرت في قرارها. فهي عانت صعوبات ولم تشعر بالراحة في الملجأ لخلوه من أي شخص يمكن أن تسِرّ له بمشكلتها .

تقول صوفيا:

– من خلال اتصال أجريته بصديقة، علمت أن والدتي دخلت المشفى وأن وضعها حرج. فخارت قواي ورحت أبكي فيما قبضت عليّ الشكوك في صواب قراري. فكرت أنني إن عدت إلى البيت، سيلزم أخي بتوقيع وثائق يتعهد فيها بألا أتعرّض للأذية وبأن يبقى فراري طيّ الكتمان.

في الليلة الأولى التي أمضيتها في المنزل، كانت فرائصي ترتعد خوفاً. كان أخي بالكاد يكلمني، لكنه سرعان ما تغيّر كثيراً. إذ قبل فراري، كان يعاملني بصرامة ويفرض سطوته عليّ في كل كبيرة وصغيرة. لكنه ما لبث أن تخلى عن هذه المعاملة، وبات غير آبه لا بمن أتصل ولا بما أقول.

عادت إذن صوفيا من ملجأ النساء المعنّفات إلى المنزل العائلي لأن والدتها كانت مريضة. لكنها سرعان ما اكتشفت أن الأمر ما كان إلا كذبة، فغضبت من أخيها لأنه خدعها لكنه ردّ قائلاً إنها كانت الوسيلة الوحيدة للقبض عليها. شعرت صوفيا بغبائها وبانجرافها وراء عاطفتها وغاب عن بالها كلياً أن والدتها في تلك الفترة ما كانت في المنزل. لكن

ثمّة أسباب أخرى دعتها إلى العودة، ومنها افتقارها إلى الشعور بالأمان في الملجأ. وفي هذا تقول صوفيا:

- في يوم من الأيام خرجنا للاستجمام. سألتني النساء ما إذا كان لدي ملابس للسباحة وعندما أجبت بالنفي، أرادت أن تشتري لي مايوه، وهو ما لم أكن أريده لرغبتي في السباحة لابسة شورتاً وقميصاً. شعرت كما لو أنهن يحاولن إرغامي على ما أريده، ورحن يضايقنني لكنني حافظت على ثبات موقفي.

بالنسبة إليّ، لا يشكل التعرّي للسباحة حرية أطلبها فأنا غير متعودة عليه، وأفضل التستّر ساعة أرتاد مسبحاً أو شاطئاً للاستجمام. في تلك الحِقبة، لم أكن أعرف أن مرض أمي ادعاء كاذب يدفعني إلى العودة التي أخذت القرار فيها لحظة شعرت أن المقيمات في الملجأ يسعين إلى إرغامي على فعل ما لا أرتضيه. عندما علمت دائرة الخدمات الاجتماعية برغبتي في العودة إلى منزل ذوي، حضرن لإقناعي بالمكوث في الملجأ، لكنني لم أقتنع، فأودعنني قطاراً عاد بي إلى المدينة حيث يقطن أهلي لأجد شقيقي بانتظاري في المحطة.

لا بد من الإشارة هنا إلى أن والديّ صوفيا كانا غائبين عن المنزل عندما غادرته وهما لا يزالان في غفلة عن فرارها مرتين، إذ اتفقت مع إخوتها على إبقاء الأمر طيّ الكتمان في السّراء والضراء.

الجار

كان لقاء صوفيا الأول بالشاب المدعو ليو يوم اختلفت مع صديقتها وقد كانت الأخيرة صديقة سابقة له. وأصبح ليو صديقاً جيداً، سرعان ما اطمأنت إليه وطلبت نصيحته في هذا الأمر أو ذاك. وهو كان يقول لها دائماً: «لا تفعلي ما لا ترتضينه». لم يُظهر ليو في البداية مشاعره تجاهها، لكنه كان دائماً قريباً منها ورهن إشارتها.

تقول صوفيا:

– في تلك الحِقبة، رمت صديقة ليو عربة الأطفال الخاصة بأولاد أختي في بئر السلم. فغضبت منها، لكنها عوض تصحيح ما فعلت، أدارت عُقْبَيْها هازئة. عندما التقيت ليو أخبرته بما فعلت وسألته تأنيب «زوجته». فقال إنها ليست كذلك وإنما يتساكنان لأن لديهما ابنة تجمعهما. مع ذلك، كررت مطلبي في أن يردع صديقته عما تفعله. فقال ضاحكاً: «حسناً»، مضيفاً: «لا ينبغي عليك الاهتمام بكل ما يحصل».

كان لليو كلبٌ يخرجه صباح كل يوم عند الثامنة تماماً. وفي كل صباح كان ينقر على شباك صوفيا ليراها. في أحد الأيام، رمى النافذة بورقة كوّن منها كرة سألها فيها أن تفتح النافذة. لكن الأمر اقتضى منها أسابيع عدة لتجرؤ على ذلك.

في النهاية، فتحت النافذة، فرمى لها بورقة تحمل اسمه وعنوانه البريدي ورقم هاتفه. ما عادت صوفيا تجرؤ على فتح النافذة أو الحديث

معه ثانية. كانت خائفة ولم تكن تعرف كيف تتصرف وبخاصة أنه كان لديها صديق في لبنان. خَشِيت، إن قبلت تودّد ليو، أن تكون مخطئة. لذا اقتضى الأمر عدة أسابيع لتقبل طلبه بفتح النافذة والتحدّث إليه. وعندما فعلت، طلب منها أن تهاتفه لكي يطيلا الحديث. تقول صوفيا:

- صرت أبعث برسائل نصيّة لليو الذي حصل على رقم هاتفي، فبدأنا علاقة جدّية. في البداية، تساءل ما إذا كان ممكناً أن نرتبط بصداقة. ثم سألني ما إذا كان لديّ صديق حميم ما. قلت: «نعم». أرخى الأمر شيئاً من التوتر على علاقتنا، إذ شعرت أنه فقد اهتمامه بي وغيّر رأيه، وصرنا نكتفي بتبادل بعض الرسائل من وقت إلى آخر. أخيراً توقف عن مهاتفتي. لكننا سرعان ما التقينا أسفل المبنى وتحدثنا في كل شيء، فتطورت علاقتنا أكثر فأكثر.

إذاً، كانت لصوفيا مشاعر تجاه ليو لم تعرفها من قبل. وفي الوقت عينه، كانت على تواصل مع صديق حميم لها في لبنان، لكن هذا التواصل راح يذوي شيئاً فشيئاً. وسرعان ما أصبح كل شيء صعباً، وبخاصة عندما تقدّم شاب طالباً يدها وهي التي اكتشفت توّاً رغبتها في توطيد علاقتها بليو.

الحَمْل

ساورت صوفيا الشكوك بأنها حامل فقصدت مركز الخدمات الطبية حيث قيل لها إنها في الأسبوع السابع من الحمل. تحكي صوفيا

عن الأمر قائلة:

- أصبحت حاملاً في غفلة مني، مع أننا حاذرنا التمادي في الحميمية بحيث لا «أفقد عذريتي» قبل الزواج. مع ذلك حَمَلت. كنت جاهلة تماماً. حتى في الثامنة عشر، كنت على يقين من أن الحمل يأتي نتيجة تبادل القبلات.

في البداية، طلب ليو ضمّةً حصل عليها بعد أشهر قليلة على استهلال علاقتنا، إذ كان عليّ أن أفكر جيداً قبل أن أعطيه أي شيء. ثم تطورت الحميمية بطريقة فلت زمامها من يديّ.

راح الخوف يقضّ مضجعي عندما حَل الشهر الثاني بلا حيض. ثم بدأت أشعر بالإعياء والغثيان، فأدركت أنني لست على ما يرام. اتصلت بمركز الخدمات الطبية المحلي وسألت ما إذا للبرد أي تأثير على تأخر الحيض، فقيل لي إنه من الأفضل أن أخضع لفحص الحمل، وعندما فعلت أتت النتيجة على الفور إيجابية.

ما عشته في تلك الحِقبة كان كابوساً حقيقياً. لم أكن أعرف ما أفعل وخشيت إن علمت عائلتي بالأمر أن تقضي عليّ. ولا أعتقد أنني كنت لأبقى اليوم على قيد الحياة لو أنهم اكتشفوا ما حَلّ بي. كانوا لِيُفردوا لي معاملة الحيوان أو ليرموا بي في حجرة مقفلة. أعجز اليوم عن تصوّر المدى العنفي الذي كانوا ليذهبوا إليه لو علموا بأمر حملي.

عندما كنا نتابع المسلسلات التلفزيونية المنتَجة في العالم العربي والمتطرّقة إلى مسألة الشرف، كان والدي يعلّق على المصير المفرَد للشخصية النسائية التي مسّت به من خلال عدم احترامها للمحاذير بالقول: «إنها تستحق الموت». كانت طريقته في قول ذلك تثير فيّ الرعب وتحملني على أخذ هذا الأمر بجدية أكبر. أما أمي، فكانت تفوق أبي صرامة وقسوة. لذا، عندما أدركتُ أنني حبلى، خشيتُ أن تفعل بي ما لا تُحمد عقباه.

في تلك الحِقبة، قصدت وليو مركز الإرشاد الاجتماعي، حيث حاولنا مع المختصين تحديد الزمن الذي حصل فيه الحمل. لحسن الحظ أن عائلتي أبقت على اعتقادها بأن توعّكي الصّحي كان نتيجة برد أصابني، فنصحني والدي بزيارة المستوصف واستشارة الطبيب لكن أخي، ولحسن الحظ، لم يكن قادراً على اصطحابي في تلك الليلة السابقة لاكتشافي للحمل والتي ارتعدت فرائصي طوالها من الخوف وساءت حالي.

كنا في شهر رمضان وصيامه واجب. لكن والدي أعفاني منه نظراً لحالي الصحية المتدهورة. أما والدتي فراحت تتأفف مبرطمة أنني أحاول اجتناب الصوم لأنني ما عدت مسلمة بل «سويدية». كانت الآراء متناقضة والضغط النفسي المُمَارس عليّ يزداد ثقلاً حتى دفعني إلى الصراخ في وجهيهما قائلة: «أحدكما يقول إنه عليّ ألا أصوم لأنني متوعكة، والثاني يدّعي أنني عدتُ مؤمنة. بربكم احسما الأمر وأشيرا عليّ بما ينبغي عليّ

فعله». كانت الأمور لا تطاق!

تزامن اكتشاف صوفيا لحملها ومغادرتها المدرسة للالتحاق بمدرسة التمريض، لكن رغبتها بالعلم راحت تتهاوى وأخذ القلق يستبد بها من أن يتخلى ليو عنها، تماشياً مع العادة السائدة في المجتمعات العربية، حيث لا شيء يلزم الشاب بتحمّل مسؤولية تماديه في علاقة غير مشروعة مع الفتاة.

تقول صوفيا:

– في ثقافتنا، يقول الشاب إن الحمل نتيجة علاقة فتاته بآخر. لكن ليو لم يتخلَّ عني، بل ازدادت مشاعرنا قوة وعلاقتنا تماسكاً. عندما راودتني الشكوك بإمكانية حملي، بادر إلى الاتصال بمركز الإرشاد، وحجز لي موعداً ورافقني. وعندما قررنا الإجهاض، وقف إلى جانبي وحَرَص على نقلي إلى المنزل بواسطة سيارة أجرة. وفي الأيام التالية التي عانيت خلالها من ألم في البطن، اصطحبني إلى المشفى. تحمّل ليو إذن مسؤوليته في الأمر ولم يتملّص منها كما كان غيره ليفعل، وهو ما عزّز علاقتنا، فصرنا نلتقي ونعيش الحميمية بلا موانع للحمل التي ما لبثنا أن حصلنا عليها من مركز الإرشاد. وفي إحدى المرات، ظننت أنني حبلى من جديد، لكن الأمر ما كان إلا إنذاراً كاذباً.

الفرار الثاني

بقيت صوفيا تعيش في منزل العائلة، حيث راح الوضع يزداد

صعوبة وتعقيداً بما لا يطاق. كانت عينا أخيها الصغير المكلّف بمراقبتها ليل نهار لا تفارقاها. ومع أنها كانت تتابع دروسها العليا، إلا أنها أبقت على تواصلها بإحدى ممرضات مدرسة التمريض التي اوحت لها بالثقة ونصحتها بالفرار من منزل العائلة، وهو ما أقدمت عليه عندما راح أهلها يتكلمون عن رجل لن يتأخر في المجيء إلى السويد من لبنان لطلب يدها للزواج.

تقول صوفيا:

– في تلك الليلة، ضربني والدي. كان ليو يتابع ما يجري في منزلنا من خلف الجدار. نال منه الغضب فاتصل بالشرطة. حاول أخي حمايتي من غيظ والدي وعنفه، لكنه نال نصيبه هو الآخر من الضرب الذي انهال به عليه كل من والدي وأخي الثاني. عندها قلت في نفسي: «لا بد لهذا العنف من أن يتوقف. لا أريد أن أنال مصيراً مشابهاً لذاك الذي انتهت إليه أختي». وصبيحة يوم الاثنين، اتصلت بدائرة الخدمات الاجتماعية وبمدرسة التمريض، ورحت أضع بمساعدة المسؤولين في هذه وتلك خطّة هروبي الثاني من المنزل.

في تلك الفترة، انتقل ليو للسكن في شقة في المدينة، فبات لقاءه وصوفيا أكثر يسراً. تقول صوفيا:

– قلت له إنني عندما أهرب سآتي لمساكنته، لم يمانع بل دعمني ووعدني بألا يتخلى عني. وسرعان ما قرن القول بالفعل إذ

ساعدني على جمع أغراضي، وإخراجها من منزل العائلة. كان الأمر سهلاً، لأنني كنت في كل نهاية أسبوع أتولى تنظيف المنزل فيما تتسمّر أمي أمام شاشة الحاسوب لتصفح الإنترنت. وعندما كنت أخرج القمامة، كنت أحمل أيضاً بعضاً من حاجاتي، فيأخذها مني ليو ويذهب بها إلى منزله القائم في جوار منزلنا. وبهذا لم يشعر أحد بما كنت أفعل ولا بما كنت أنوي عليه.

قبل حلول موعد الفرار، لم ترتَدْ صوفيا المدرسة، بل لجأت إلى منزل جارها وصديقها الحميم ليو وانهمكت في تحضير نفسها للخطوة التالية. تقول:

– حدّدنا اليوم الذي أغادر فيه منزل العائلة نهائياً. كان لديّ الكثير من الأغراض أحملها. ساعدني ليو وركبنا الباص محمّلين بالأكياس. التقينا بصديقة لأمي، فسارعت إلى إخبارها بأننا في صدد تنفيذ مشروع أوكلتنا إياه الجامعة، ويقضي منا جمع الملابس والذهاب بها إلى الميتم. أوشك ليو على الانفجار ضحكاً لكن الكذبة انطلت على صديقة والدتي، فلم يُكْشف أمري.

ما أن وصلت إلى شقّة ليو في المدينة، حتى سارعت صوفيا إلى الاتصال بدائرة الخدمات الاجتماعية التي تدبّرت أمر نقل متاعها وسُكْناها في شقّة تقع في مدينة أخرى، حيث حظيت بالرعاية والحماية.

الإقامة وحيدة في شقّة

لم يكن من السهل على صوفيا أن تعيش وحدها في شقّة بعيدة. لذا،

وعلى الرغم من الأوقات العصيبة التي قضتها في منزل ذويها، استبدلت بها مشاعر لم تختبرها يوماً، امتزج فيها الشوق بالقلق. فسارعت إلى مهاتفة كل أفراد عائلتها فرداً فرداً، ولدى اتصالها بأهل المنزل، ردّ والدها صارخاً بها، فما كان منها إلا أن أقفلت الخطّ لتعاود الاتصال في يوم آخر. كانت تنوي زيارة شقيقتها، التي نصحتها بالاتصال بأهلها قبل العودة إلى المنزل. فعلت وتحدّثت مع والدها، وفي هذا الصدد تقول:

– كان الوضع مضطرباً، وكان والدي غاضباً ولكنه مع ذلك استفهمني عن السبب الذي تركت المنزل لأجله. فقلت إنني كنت أشعر بالسوء. قال: «حسناً، لكنك ستعودين، أليس كذلك؟». وأثناء هذا التخابر، سمعته يخاطب والدتي، آخذاً عليها تربيتها لي، وإجازتها لي، عندما كنت لا أزال تلميذة في الصف السادس، بقضاء فترة في المخيم. بدا لي في تلك اللحظة غاية في الغباء. لكنه قال إن في الأمر أكثر من الشعور بالسوء، بل إن ليو ربما هو السبب وبخاصة أنه انتقل إلى العيش في المدينة نهائياً بعد فراري من المنزل.

تدبُّر أمر العودة إلى المنزل

لم تعد صوفيا مباشرة إلى المنزل بعد مهاتفة والدها، بل قصدت شقيقتها التي كانت تقوم مقام الوسيط والتي زارتها للقاء بوالدتها، حاملة قسماً من أغراضها ومفضّلة الإبقاء على ما تبقى منها في الشقة التي

أوت إليها. لم تحسن الوالدة وَفادتها، بل تفَّت في وجهها واحتقرتها. فما كان منها إلا أن عادت أدراجها إلى ملجئها الأخير، نادمة على معاودتها الاتصال بأهلها. تقول:

- سألتني أمي لماذا لا أكون مثل شقيقتي، متزوجة وربّة عائلة. ثم قالت إن في الأمر أخطر من الشعور بالسوء نتيجة العنف المنزلي، وإنني لا شكَّ ارتكبت معصية ما. وما لبثت أن انهالت عليّ صفعاً ولكماً، فألمَّ بي الدوار وسقطت أرضاً وبقيت فاقدة للوعي بضع ساعات. عندما أفقت من غيبوبتي، وجدت أمي تبكي قهراً وتلوم نفسها قائلة إنها لا تستطيع الحياة من دوني وأنها لن تعود إلى تكدير خاطري وضربي بعد اليوم.

في ذلك الوقت المتأخر من مساء ذاك اليوم، اتصلت بي المرشدة الاجتماعية وسألتني عن كيفية سير الأمور. أصغت أمي وشقيقتي للمحادثة، التي أُلزمت بترجمتها. غير أن المرشدة الاجتماعية كانت أبعد ما تكون عن الغباء، فقصرت الحديث على إبلاغي بأنها ستتصل بشقيقي الذي كان الشخص الوحيد الموثوق من قبلنا نحن الاثنتين، واقترحت أن يتعهّد للمستشارية الاجتماعية بألا أتعرّض للأذى إن عدت إلى المنزل. لكنني رجوتها ألا تفعل لأنه كان هو الآخر حانقاً عليّ. لم توافق على ذلك قائلة إنها قلقة عليّ وملزمة بضمان سلامتي. هاتَفَتْ إذن أخي الذي قال إن خوفي من والدي هو السبب في فراري وأنني بحالة جيدة وهو ما أثار مخاوف المرشدة الاجتماعية التي

اتصلت بوسيط طلبت منه أن يُخرجني من منزل أختي. إذ
ذاك، راحت والدتي تصرخ في وجهي مكرّرة سؤالها: «ما الذي
حصل؟»، قلت: «لم يحصل شيء». قالت: «بلى حصل، وإلا لما
كنت هربت من البيت! أتراكِ فقدت عذريتك؟».

كل ما كانت تفكر به صوفيا هو الخوف الذي عقد لسانها أمام صراخ
والدتها المدوّي. فخارت قواها وبقيت طوال الليل مستلقية على السرير
بلا حراك. تقول:

- جاءتني أختي وطلبت مني الحذر الشديد عندما أعود إلى
المنزل، لأن أبي يمتلك سكيناً. لم تشأ التفكير بأنه قد يؤذيني
ولكن خوفها عليّ كان أكبر. تدخلت والدتي في الحديث مؤكدة
أنها هدَّأت من روع والدي وأنه لن يتعرّض لي إن عدت إلى
المنزل. ضمتني أختي إلى صدرها وبصوت خافت طلبت مني
الحذر من أخي وبخاصة في الليل. فقلت في نفسي: «كيف لي أن
أتحمل كل ذلك؟». أردفت أختي قائلة إن الحياة في المنزل لن
تكون سهلة في المرحلة الأولى، وإن أفراد العائلة سيخضعونني
لمراقبة قاسية، لكن عليّ أن أتحمل كل الصعوبات لأنها جزاء ما
فعلت. كان الاضطراب سيّد الموقف فخطر في بالي أن أبتلع
قبضة من الأقراص تجهز عليّ فأتخلص مما أنا فيه من بؤس.

في تلك الليلة، اضطرت أختي للذهاب إلى العمل، فيما أفادت
والدتي من فرصة وجودها في المبنى لتزور صديقة لها كانت
تقيم في الجوار؛ وإذ همّت بالخروج، قالت: «إبقي هنا مستلقية،

وعندما أعود نحجز بطاقات القطار الذي سيعود بنا إلى المنزل».

خرجت الوالدة، فأفادت صوفيا من الفرصة لتخابر الوسيطة التي أصرّت عليها بالخروج من منزل شقيقتها، لكنها لم تستطع العمل بالنصيحة، بل بادرت إلى حجز بطاقتي العودة ودفع ثمنهما نزولاً عند رغبة والدتها المستعجلة في العودة إلى المنزل، كي لا يستبدّ القلق والجزع بوالدها. تقول:

– شعرت حينها بقوتين تتنازعانني ولم أعرف كيف أتصرف. اتصلت بالممرضة في مركز التمريض ووجدتها قلقة عليّ. قلت لها إنني ما عدت قادرة على الاستمرار لا في المواجهة ولا حتى في العيش. راودتها الشكوك بأنني فعلت ما لا تُحمد عقباه. فأفصحت لها أنني ابتلعت عدة أقراص وأن قواي خائرة تماماً. وما لبثت الوسيطة أن اتصلت بي للمرة الثانية، وانتزعت مني عنوان منزل شقيقتي لكثرة إصرارها. شارفت الساعة على التاسعة مساء، وهو موعد عودة شقيقتي إلى المنزل بصحبة والدتي التي أوصلتها إلى منزل الصديقة للزيارة. كان زوج شقيقتي وأولادها في المنزل عندما وصلني اتصال من الوسيطة، التي طلبت مني الخروج من المنزل. فهممت بالخروج من المنزل لأجد والدتي أسفل السلم، فسارعت إلى العودة داخله، وتظاهرت بأن كل شيء على ما يرام، مع أن الإعياء كان يستبد بي، فلم أتحمل بل طلبت من والدتي أن تتصل بالإسعاف. ثم سمعنا قرعاً على الباب، الذي دخلت منه الوسيطة مصحوبة

باثنين أو ثلاثة من عناصر الشرطة الموكلين بإخراجي من المنزل ونقلي إلى مكان آمن. أخذ أولاد شقيقتي بالبكاء مثلي تماماً. رفضت والدتي الإجازة لعناصر الشرطة باصطحابي، فما كان منهم إلا أن أبرزوا لها وثيقة رسمية تفيد بمهمتهم. لكنها أصرت على رفضها قائلة: «لا تستطيعون اصطحابها. إنها ليست قاصراً». فتساءلت في نفسي: «أحقاً ما عدت قاصراً؟». طمأنت الوسيطةُ والدتي قائلة إن دائرة الخدمات الاجتماعية سترعاني من الآن فصاعداً.

لا تذكر صوفيا من ذلك اليوم إلا الضوضاء والتدافع الذي وجدت نفسها وسطه، تشدّها والدتها من جهة وعناصر الشرطة من الجهة الأخرى. أخيراً حملها العناصر خارج المنزل. ومن زجاج السيارة المنطلقة، رأت صوفيا والدتها تعدو خلفها باكية، صارخة، حافية القدمين.

الإقامة الثانية في الملجأ

لا تتذكر صوفيا مما عاشته بعد إخراجها من منزل شقيقتها إلا إقامتها في المستشفى حيث انتظرت ثلاثة أيام من دون أن يخابرها أحد. قال الطبيب الذي عاينها إنها مصابة باكتئاب عميق فقُرِّر نقلها إلى جناح الطبّ العيادي النفسي حيث أمضت النهار والليل بكاملهما وحدها. لكن قبل نقلها إلى هذا الجناح، حضرت لزيارتها متفقدةً حالها نساءُ الملجأ الجديد حيث كان من المقرَّر لها أن تعيش، لكنهن وجدن

أن وضعها يستدعي بقاءها في المستشفى لأسبوع أو ربما لشهر قبل أن تستعيد قواها فتأتيهن.

تقول صوفيا:

– في جناح الطبّ النفسي العيادي حيث نُقِلْتُ كان المرضى في حالة نفسية متدهورة. كنت أراهم يهيمون على وجوههم في وضع هذياني لم أشهده من قبل. فتساءلت في نفسي: «يا إلهي، ما الذي أفعله هنا؟». ما كنت أعتقد أن اكتئابي بلغ الحدّ الذي اقتضى من دائرة الخدمات الاجتماعية إيداعي المستشفى، ثم هذا الجناح. ولما اتصلت بالوسيطة وشكوت لها حالي، حضرت وأمّنت نقلي إلى جناح آخر. كانت تلك أياماً عصيبة: خمسة أسابيع قضيتها في المشاحنات. مع ذلك، كنت أشعر أنني أصبحت أفضل حالاً، لأن ليو كان في حياتي. سألت ما إذا كان بإمكانه المجيء لزيارتي، قالوا أولاً «لا بأس» ثم غيّروا رأيهم، وارتأوا أن يكون لقاءنا في مدينة أخرى. حزنت للغاية لأنني كنت أحتاجه في جانبي فهو يعرف قصتي ومعاناتي وكيفية مواساتي. كان شوقي إليه يستبد بي لأن غيابه القسري عني طال خمسة أسابيع.

في إحدى الليالي، أُجيز لصوفيا برؤية ليو. ثم باعدت بينهما خمسة أشهر. كان يتصل بها كل يوم، لكن الأوقات كانت حرجة بالنسبة إلى كل منهما. حتى ليو كان يكابد صعوبات جمّة: خلافه مع صديقته السابقة، ومسؤولياته الأبوية تجاه ابنته، ومرض أبيه المقيم خارج البلاد.

طلب ليو يدَ صوفيا للزواج

شعرت صوفيا بأن الوقت يمرّ ببطء. كان ليو يعرف والدها، فهو غالباً ما قام له مقام الترجمان في علاقاته مع السويديين. ولدى لقاءه بأشقاء صوفيا وشقيقاتها، قالوا له إن والدهم يشعر بسوء شديد حِيال ما فعلته صوفيا. لكنه لم يأخذ ما أفادوه به على محمل الجدّ لأنه عندما التقى الوالد لم يجده مكتئباً كما زعموا. نقل انطباعه لصوفيا فهدأ بهذا خاطرها.

لم يطل الأمر بليو حتى راح يلتقي بأهل صوفيا بانتظام. وفي أحد الأيام، وفيما كان ماراً امام منزل العائلة، دعاه والدها للدخول، فأمكن له محادثته. وفي المرة اللاحقة، تطور الحديث بحيث تطرقا خلاله جدياً إلى مسألة الزواج. تقول صوفيا:

– سأله والدي ما إذا كان ينوي الزواج مجدّداً، إذ تلك كانت في العادة ما يقوم به المطلّقون. فقال له ليو إن باستطاعته مساعدته على طلب يد فتاة يرغب بالزواج منها. عجب الوالد لطلبه وسأله ما إذا كان يعرفها فما كان من ليو إلا أن أفصح له عن نيّته صراحة، قائلاً: «أبتغي الزواج من ابنتك». ارتبك الوالد وسأله أية ابنة يقصد. فأجاب ليو: «الوحيدة الباقية في منزلك». صدم الوالد، لأنني كنت في تلك الفترة على تواصل مع العائلة ومع ذلك لم أخبرها بشيء. لكن سرعان ما هدأ خاطر الوالد، بل إنه شعر بالسعادة تغمره وبالشكوك في أن نكون قد ارتكبنا

«المعصية» تفارقه، قائلاً في نفسه إن ليو ما كان ليتقدم بطلب يدي لو أنني تماديت في علاقتي به.

قبل الوالد بليو صهراً. لكن أمها كانت تفضل لها واحداً من الذين تقدموا لخطبتها. فسألتها ما إذا كانت تريد الزواج بليو فعبرت صوفيا عن رغبتها بذلك. كانت الأمور في تلك الأيام ممتازة والهدوء والتفاهم يسودان علاقات العائلة، فقررت صوفيا إطلاع أهلها على ما فعله ليو لخطبتها، وهو ما أوثق علاقتهم به.

حياة صوفيا اليوم

يعيش اليوم كل من صوفيا وليو في مدينة أخرى، حيث لكل منهما حرية يحميها القانون. وهما يسعيان إلى بناء حياة مشتركة، بمساعدة بعضٍ من إخوتها الذين تقبّلوا خيارها. وبفضل هذا التفاهم عاد أفراد العائلة للقاء مجدداً. وعندما تعود صوفيا إلى تلك الأيام، تشعر بأنها تعلمت الكثير من تجربتها، لكنها تدرك أيضاً أنها دفعت لقاء ما تعلّمته ثمناً غالياً. وعندما تفكر في المستقبل، تكتشف رغبتها في أن تنجب ولدين فقط لا غير تحسن تربيتها، وتغدق عليهما بكل ما لم تحصل عليه، كالمحبة والإصغاء إليهما، وتفهّم رغباتهما، وإرشادها إلى السبيل الأمثل، بلا ممارسة أي ضغط على أي منها.

وفي ختام لقائي بها، أفصحت صوفيا عن رغبتها وليو بالتطوع لمساعدة الشبان والشابات الذين يعيشون تجربة مماثلة لتلك التي خرجا منها سوياً، ويرغبون في السير قدماً في الحياة.

قصة آيدا

ولدت آيدا في العام 1981. وفي بداية التسعينيات، انتقلت مع أهلها للاستقرار في السويد بعد أن اضطرهم التمييز الاثني إلى الرحيل عن البلقان، وهي بلاد منشئهم حيث بقي أقاربهم.

الانتقال إلى السويد

لم تكن الحرب السبب في انتقال عائلة آيدا الألبانية الجذور إلى السويد، بل العداوة المستشرية بين الصِّرب والألبان في منطقة البلقان، حيث كان والدها الشخص الوحيد في العائلة الذي يمتلك عملاً يكسب بموجبه الرزق في حين انصرفت والدتها إلى الاضطلاع بمهامها كربّة منزل ومنها تربية بناتها. لكن عندما فَقَدَ والدها عمله بسبب خلفيته الإثنية، قررت العائلة الرحيل عن كوسوفو. تقول آيدا في هذا الشأن:

- أعتقد أن الصِّرب هم الذين قرروا عنا أين نعيش، لكنني كنت صغيرة السنّ عندما رحلنا عن بلادنا وما كنت أستسيغ السياسة. ولا بد من القول إن الصِّرب أكثرية في البلقان حيث يمارسون سطوتهم على الألبان.

لعل ما شجعنا على الانتقال للإقامة في السويد كان وجود

صديق طفولة والدي الذي سبقنا إليها. في الواقع، ما كانت لدينا رغبة حقيقية في الرحيل عن البلقان، وهذا أمر أَسِفْنا له كثيراً.

في البداية، حَلَلْنا في بلدة تقع جنوبي السويد حيث كانت اللغة صعبة وبدت لنا بالغة التعقيد، لدرجة خِلْت معها أنني لن أنجح يوماً في تعلّمها. في تلك الحِقبة، أقمنا في ضيافة صديق والدي، ثم انتقلنا إلى العيش في مخيم للاجئين وقع داخل فندق حيث أمضينا ثمانية أشهر. لا أزال أذكر كم كانت تلك الإقامة ممتعة بالنسبة إلينا، إذ كان المخيم يعجّ بالأطفال الذين كنا نرتاد وإياهم يومياً ما يشبه روضة الحضانة حيث كنا نمضي الوقت في التعلم والكثير من اللعب.

ما لبثت البلدية أن نقلت العائلة إلى منطقة أخرى من البلاد حيث كانت آيدا ترتاد مدرسة ابتدائية، وهي كانت في السنة الثانية عندما رأت شقيقتها الصغرى النور. تقول: «لكن سرعان ما ألغت البلدية العقد مع صاحب الملك فاضطرت عائلتي إلى النزوح من جديد لتجد لها مستقراً في منزل أصغر مساحة لم تطل إقامتنا فيه إلا أشهراً قليلة اضطررنا بعدها إلى الارتحال عنه».

إثر انقضاء خمس سنوات على إقامتها في السويد، حازت العائلة على الإذن الرسمي بالإقامة الدائمة. أفرح الأمر أهلها لأنه عنى بالنسبة إليهم التمكّن من العودة إلى البلقان لا للاستقرار فيه بل لتفقّد أحوال

الأقارب وزيارة الأصدقاء، وهو ما لم يكن لهم القدرة عليه لافتقارهم إلى جوازات سفر التي ما أن حصلوا عليها حتى شدّوا الرحال إلى كوسوفو وقد كانوا بغاية الشوق إليها بعد غيبة عنها طالت سنوات خمس. تقول آيدا:

– عندما حصلنا على الإذن الرسمي بالإقامة الدائمة في السويد، أمكن لنا اختيار الإقليم الذي نود العيش فيه. فما كان من والدي إلا أن وقع لنا على منزل صغير في جنوبي السويد. بدأت أرتاد المدرسة المتوسطة بانتظام حيث كان عليّ الجدّ في العمل لكثرة ما فاتني تعلمه في الحِقبة التي أمضيناها في الحلّ والترحال. أذكر أن المسؤول التربوي في المدرسة سألني يوم وصلتها ما إذا كنت أودّ الالتحاق بالصف السابع وهو الأكثر ملاءمة لسّني أم بالصف السادس. اخترت الأخير خشية الصعوبة التي كان يمثّلها الصف السابع بالنسبة إليّ. مع ذلك، كنت الأكبر سنّاً في الصف. لم أندم يوماً على قراري هذا.

عندما حللنا في السويد، انكبّ والداي على تعلّم اللغة السويدية وهو ما ساعدنا على الحصول على الأذونات الرسمية بالإقامة الدائمة. لكنهما سرعان ما تخليا عن هذه الدروس لأنهما وجدا في العمل وكسب الرزق فائدة أكبر. أذكر أن والدتي كانت تنسى القيام بواجباتها المدرسية لأن الأعمال المنزلية الكثيرة كانت تنتظرها في نهاية اليوم. أما والدي، فلقد وجد له عملاً في بيت للطلاب سرعان ما تخلّى عنه لكثرة ما أتعبه وانتقل إلى

العمل في مصنع، حظيَ له فيه بعد وقت على وظيفة ثابتةً، وهو لا يزال يعمل فيه حتى اليوم. فعلت والدتي شيئاً مشابهاً إذ التحقت بمصنع كمبتدئة وما لبثت أن حصلت لها على وظيفة ثابتة، لا تزال هي الأخرى تضطلع بها حتى اليوم.

عندما استقرت العائلة في السويد، لم يكن لآيدا أية صديقات، فكانت تمضي الوقت باللهو مع شقيقتها. وفي اللاحق من الأشهر، تعرفت إلى فتاة من جيلها أصبحت لها صديقة وهما لا تزالان حتى اليوم، ومنذ ثلاثة عشر عاماً، تحافظان على علاقتهما الطيبة والحميمة.

الطفولة في البلقان

في البلقان، كانت أمها ربّة منزل ووالدها سائق شاحنة ينقل بواسطتها البضائع في طول أوروبا وعرضها، وهو ما كان يلزمه بالغياب عن عائلته لفترات طويلة، ما كانت آيدا لتراه خلالها إلا لماماً. تقول آيدا:

- بوصفي البنت البكر فلقد حظيت بطفولة رائعة. أذكر إحدى اللقاءات المسائية التي جمعتنا في منزل شقيقتي حيث رحنا نستحضر الخوالي من الأيام بتفاصيلها الدقيقة ما أثار عجب والديّ. كنت دائماً تلك الفتاة الصعبة المِراس، وهو ما أزال عليه اليوم. كنت في طفولتي عابثة مولعة بإزعاج الآخرين وهو ما كان يجرّ عليّ حنق والدتي التي درجت على ضربي. ولعل هذا التعنيف هو الذي يفسر السبب في أن إحدى أذنيّ لا تستطيع أن

تحمل قِرطاً. كنت كثيرة الفرار من المنزل وهو ما كان يجرّ عليّ العقاب. أما والدي فإنه لم يرفض لي ولأختي طلباً يوماً، بل إننا كنا بالنسبة إليه كما بالنسبة إلى والدتي حبّة العين وفِلْذة الكبد.

تستحضر آيدا ذكريات أخرى احتفظت بها من طفولتها في كوسوفو، كتلك الرحلات الخريفية في أحضان الطبيعة حيث كان والدها وأصدقاؤه يصطحبون عائلاتهم للتخييم. ومع أنه كان لعائلة آيدا الكثير من الأقارب إلا أنها كانت تفضل قضاء العطل بمعية الأصدقاء. تقول آيدا في هذا الشأن:

– عندما كنا نذهب للتخييم، كان جمعنا يضمّ عشر عائلات أقلّه. فلو قصدنا مكاناً صغيراً يصلح لإقامة المخيم، كان عددنا الوافر يملؤه. كنا نعيش في المخيم عدة أيام، وفي بعض الأحيان أسبوعاً بكامله، نمضيه باللهو والمرح. لا أزال وأختي نفتقد لتلك الأيام، وللجبال الشاهقة البديعة التي يزخر بها البلقان. في الشتاء، كنا نقصدها للتزلج، وعندما سُنحت لنا الفرصة بالعودة إلى بلادنا، سارعنا لشدة شوقنا، وأمضينا شهراً بطوله نجوب أرجاءها، ونزور كل ركن فيها.

التقاليد والدين

إن ما يميّز العائلة، هو أنها تجمع أفرادها في بوتقة واحدة، أكانت المناسبة سعيدة كالعرس مثلاً أو كئيبة كالمأتم. غير أن العائلة تفرض على أفرادها ملزمات ترهقهم في بعض الأحيان. وفي هذا الشأن

تقول آيدا:

- إن شئت الارتباط بأحدهم، أجد الجمع كله ضالعاً في الأمر: أبناء العمومة وبنات الخؤولة، أي العائلة برمتها. ولكل منهم رأيه وخطته فيما ينبغي إتمامه وهو ما يدفع بك، في نهاية المطاف، إلى الجنون. لذا، كنت أجدني أقول لهم: «ما بالكم تتدخلون في كل شاردة وواردة. أنا المعنية الأولى بالخطوبة وليس أنتم، فكُفّوا عني تطفّلكم!».

صحيح أنه كان يِحقّ لي اختيار شريك حياتي، ما كان يعفيني من اتباع التقاليد بحذافيرها ومحاذيرها. لكن الأمر ما كان ليتجاوز الحدود المسموح بها. لذا، فإن وجدت الشخص المناسب يوماً، فإنني أودّ أن يبقى الأمر ضمن نطاق ضيّق.

أما أهم ما في التقاليد فهي فضائل الثقة والاحترام والتواصل. بل إن الاحترام والثقة هما أهم ما في الحياة العائلية. تقول آيدا:

- ليست عائلتي متزمتة في تديّنها وإن كنا مسلمين. أنا مسلمة وأؤمن بالله الأحد، وأمتنع عن أكل لحم الخنزير، وأصوم كل عام، وأفتخر بعقيدتي وإيماني. أحمل ديني في قلبي. عندما كنت صغيرة، كنت أذهب في البلقان إلى الجامع. أما هنا، فلا أفعل. في الآونة الأخيرة التي قصدت خلالها بلادي، ذهبت لأداء واجب العزاء في بعض من المآتم، غير أنني لم أزر الجامع. معظم أفراد عائلتي يفعلون الشيء عينه لدى اضطلاعهم

بالعبادات التي يجلّونها ويلتزمون بها بإيمان خالص وبلا أي تزمّت أو تعصّب. لكن لبعضهم أفكاراً يعتقدون بموجبها أنه ينبغي على المرأة ألا تكثر في الكلام؛ وهنا أقصد ابن عمّ لي تحديداً. إنه في الواقع كثير السطوة. التقيت به العام الماضي في البلقان، وكان اللقاء صعباً. من المرتقب أن نحتفل بعرس شقيقه الصيف القادم، ولا يجوز لمن يشارك فيه العبوس والتنكيد على الآخرين. أظن أن الزمن يسهّل الأمور عليّ، علماً أنني حتى الآن أثبتّ شجاعتي على تحمّل ما لا يعجبني وقدرتي على تفهّم التقاليد وملزمات الدين. لكن لا بدّ لي من الاعتراف لأمي وأبي بوقوفهما في صفي وتعزيز قدراتي على مواجهة تحدّيات الحياة.

أما عندما يتعلق الأمر بالعنف المرتبط بالشرف، بما فيه حق الأب بقتل ابنته، فيسعنا أن نجد له تفسيراً في ضعف المرء وجهالته وفي ما تنطوي عليه عقليته وخلفيته. إن من يرتكبون مثل هذه الجرائم هم الرجعيّون المتزمّتون والمتمسّكون بالطراز القديم، وليس للشرف أية علاقة بما يأتون به من موبقات وما يتسبّبون به من مصائب.

نظرة في العائلة

الأقارب جزء لا يتجزّأ من العائلة والمقصود الخالات والعمّات والأخوال والأعمام وكل من له بالعائلة رابطة دم. هذه هي عائلة آيدا

الممتدة المقيمة في بلد منشئها. أما في السويد، فتقتصر العائلة على والديها وشقيقتيها. تقول:

- عندما نزور كوسوفو، يجتمع العديد من أهلنا. فلأبي ثلاثة أشقاء وشقيقة واحدة. ولأمي ثلاثة أشقاء وثلاث شقيقات. وإن جمعت أبناء خؤولتي وعمومتي، بلغ عددهم العشرين. ولا ينقص جمعنا إلا خالي الذي يعيش وعائلته في سويسرا. لكننا هذا الصيف، وبعد فراق طال أمده خمسة عشر عاماً، سنجتمع مجدداً في البلقان، حيث لدينا عرس كبير نحتفل به، لأن ابن عمي قد عقد عزمه على الزواج.

نظرة في تنشئة الأطفال

على ضوء تجاربها الشخصية، حدّدت آيدا رأيها في تنشئة الأطفال قائلة:

- عندما أصبح لي صديق حميم، لم أستطع مفاتحة والديّ بالأمر، لعلمي أنهما ما كانا ليستسيغانه ولا ليقبلا به. ولم يكن في عداد العائلة من كان ليصغي إليّ ويُسْديني النصيحة.

عندما أصبحت آيدا أماً، أرادت أن تكون حازمة في تربية أولادها من دون أن يمنعها ذلك من تشجيعهم على اعتماد الصدق في علاقتهم بها. إذ كانت تدرك أن التحدّث مع الأولاد والإصغاء إليهم أمر في غاية الأهمية يَسْتَحِثّهم على الوثوق بها وعلى القبول بنصائحها. تقول آيدا في هذا الصدد:

- أفضل أن يأتوا إليّ وأن يصارحوني بما يفكرون ويشعرون به، عوض البحث في جوار العائلة أو بين الأصدقاء أو الغرباء عمّن يساعدهم. لن أجد حرجاً في القول لواحدهم أو واحدتهم: «تعال (تعالي) إلى أمك، وأخبرها (وأخبريها) عمّا يعتمل به خاطرك وعمّا يختلج به صدرك». لم تُسنَح لي الفرصة لاعتماد هذا النهج مع أيّ من والديّ. فأنا ما كنت أستطيع التحدث مع أمي عن الفتيان، لأن ذلك كان ليرخي بعواقبه على علاقتنا مُدْخِلاً إليها التوتر والحذر. ويعود السبب في هذا الحرج الذي كنت أشعر به حِيال مثل هذه الأمور الحميمة إلى التربية التي أُنشِئنا عليها. صحيح أنني لو صارحت أمي بأفكاري أو مشاعري، لما كانت الدنيا لتقوم أو لتقعد. لكن الخوف من هذه الإمكانية كان وحده كافياً لردعي عن الصراحة. وكوني اختبرت هذا الأمر، فإنني سأقدر على التحدّث مع أولادي بطريقة مختلفة تماماً عن تلك التي كانت تسود علاقتي بوالديّ.

تبلغ آيدا اليوم السادسة والعشرين من عمرها وهي لا تزال تحتضن والدها وتقبّله كما لو أنها لا تزال في الخامسة عشر. ليس في هذا الأمر ما يدعو إلى الاستغراب لاعتماد أفراد عائلتها المجاهرة بمشاعرهم. وهي كلما جاءت تزور والديها، لا يريان فيها إلا فتاتهما الصغيرة. تقول آيدا:

- كنت من وقت إلى آخر أتلقى صفعات من والدتي عقاباً لي على صعوبة مراسي. غير أن والدي لم يرفع يده عليّ البتة.

كنت صعبة المراس للغاية! فأنا ما كنت أنجز فروضي وكنت في المدرسة كسولة مشاغبة أعاقب على عدم التزامي بالقوانين بالحجز، وهو ما وضع اسمي في رأس لائحة أشقياء الصف، وأثار غضب أمي التي كانت تضربني مع أن الضرب ما كان ليساعد على تقويم سلوكياتي. أرجو ألا يُطعمني الله ذرّية تؤرّقني بجموحها. أنا شخص قلق بطبعي، سريع الغضب وسريع العودة إلى الهدوء، وإن رُزِقت بولد مشاغب، فإنني لن أتأخر في تسليم زمام الأمور لأبيه ليُعنى به.

سنوات المراهقة

عندما بلغت آيدا سنّ المراهقة، دخلت مرحلة تصفها هي نفسها بـ «سن التمرّد». تقول:

– كنت وأختي جامحتين حقاً. كان أبي ينقلنا إلى أي مكان نبتغيه أكان حلبة الرقص (الديسكو) أو غيرها. لم يكن ليقول لنا «لا!»، بل كان يستعين بأحد أصدقائه بحيث يؤمن لنا نقلاً مريحاً وسالماً. أما والدتي فهي ما كانت تحمل إجازة سوق. اختصار القول إذن هو أن والديّ ما كانا يسيئان معاملتنا ولا يقسوان علينا حقّ القسوة.

في نهاية كل أسبوع، كان المنزل على موعد مع التنظيف. لكن والدة آيدا كانت هي من يقوم بمعظم العمل لاعتيادها عليه بوصفها ربّة العائلة، حتى قبل حلولها في السويد. كما أنها أفسدت نوعاً ما بِنْتَيْها

71

لكثرة ما أغدقت عليهما بالتدليل والإطراء. أما اليوم، فهي تعمل داخل المنزل وخارجه بحيث تؤمن ضرورات الحياة اليومية.

في العلاقات الجنسية والمساكنة

لم يكن الكلام على العلاقات الحميمة محظوراً في منزل آيدا حيث كانت الأمور طبيعية للغاية. وفي المدرسة، كان يُجاز لها المشاركة في الحديث عن كل المواضيع المطروحة. تقول:

- لم أعرف الدورة الشهرية إلا يوم بلغت الثالثة عشرة من عمري- وهي سنّ متأخرة- فتحدثت مع أمي في الأمر. وعندما بدأت ألتقي الشبان كنت في الثامنة أو التاسعة عشر، وهذه سنّ تكون فيها الفتاة مغناجاً محبّة للمغازلة وميّالة إلى العبث. لكنني كنت على الدوام حريصة على ألا أتجاوز حدوداً وضعتها لنفسي واقتضت مني عدم التمادي في العلاقة الحميمة. لذا، فإنني لم أفقد عذريتي إلا بعد بلوغي العشرين من عمري. كنت إذن بالنسبة إلى سنّي حكيمة في تصرفاتي وخِياراتي، فأنا ما كنت أتجاوز الحدود إلا إن وجدت الشاب جديراً بتطور العلاقة ناح الحميمية. مع ذلك، لم تصدقني رفيقاتي في المدرسة يوم قلت لهن بصراحة واعتزاز أنني لا أزال عذراء على عكسِهن، على الرغم من أنني كنت أكبرهن بسنتين، وهو ما صُعِقْن له.

في الصداقة والمغازلة

كانت آيدا وأختها تدعوان صديقاتهما إلى المنزل. لكن آيدا لم تدعو

أيّاً من أصدقائها إلى رحابه، لاحترامها الكبير لوالديها اللذين كانت على علاقة جيدة بهما. مع ذلك، بقيت مسألة العلاقات مع الشباب أمراً محرّماً الخوض فيه نوعاً ما. تقول:

- في الواقع، لم أفكر بالشبان عندما كنت في السابعة أو الثامنة عشر. كنا نعيش في منزل صغير وكل ما كنت أفكر به وصديقاتي هو الخروج واللهو، وأقصد بذلك الخروج للتسلية والرقص، وبخاصة عندما دخلت الكلية في المدينة، حيث كانت مرابع الرقص تكثر في الجوار. كان الرقص إذن يقع في مركزية اهتماماتنا وليس العلاقات الحميمية مع الشبان.

في الخيار المهني

أحسنت آيدا تعليم نفسها وهي تعمل اليوم مصفِّفة شعر لشغفها بهذه المهنة. تقول:

- في كل مرة كنت أخرج فيها مع صديقاتي، كنت أصفف لهن شعرهن. وسرعان ما أتتني فكرة أن أصبح مصفِّفة شعر ممتهنة. كان من الصعب حقاً الدخول في البرنامج الدراسي والتدريبي المعدّ للتخصّص في هذا المجال، وبخاصة أن علاماتي ما كانت عالية البتّة. لذا، اضطررت للكفاح. لكن الأمور جرت على ما يرام، وأصبحت مزيّنة شعر للنساء. يمكنني في بعض الأحيان أن أكون عنيدة بما يكفي لأحصل على ما أريد. واليوم أنا فخورة للغاية بنجاحي في هذا المجال وأصبح لي صالوني

الخاص. ثمّة حلم آخر كنت شغوفة به وهو أن أصبح مضيفة طيران، لكنني أشك في أن أتمكن من تحقيقه، ولا بدّ لي من أن أرتضي ما وصلت إليه. مع ذلك، لم أتخلَّ عن حلمي الذي لا يزال يراودني في كل مرة أركب فيها طائرة حيث أشعر بمدى افتتاني بالمضيفات. مع ذلك، فإنني أصرف جهدي للتركيز على المهنة التي أزاولها اليوم.

الحبّ الأول

عندما بلغت آيدا عامها الواحد والعشرين التقت بمن كان ليكون حبّها الأول، وذلك خلال حفلة راقصة من تنظيم منظمة الهجرة، كانت تشارك فيها أختها. تقول:

- ثم رأيت شاباً بعينين تشعّان بهجة. فقلت في نفسي: «يا للأسى!»، لاعتقادي بانه عربي المنبِت بالنظر إلى سمرة جلدته الداكنة. وما لبثت أن لفتُّ نظر أختي إليه، قائلة لها: «هذا العربي الجالس يحدّق بي مذ بدأت الحفلة». لكن سرعان ما دعاني إلى الرقص، وتبادلنا رقمينا الهاتفيين. كنت يومها اعمل في صالون للتزيين النسائي وكان يصغرني سنّاً. كان هو الآخر قد ارتاد مدرسة الكفاءات. كنا نلتقي أثناء فرصة الغداء أو كان ينتظرني خارج الصالون حتى أفرغ من العمل. كان الأمر كله سرّياً. كان غجرياً من البلقان. لو علم أهلي بهذه العلاقة لما كانوا ارتضوْها البتّة، لأنه غجري لا غير. لذا، أمضيت برفقته سنتين حَرَصْت

خلالهما على ألا يعلم أحد بعلاقتنا. من ناحية أخرى، وبما أنني كنت أقيم مع أهلي، كان عليّ كل يوم قطع مسافات طويلة بين المنزل ومكان عملي وهو ما كان يرهقني حقاً. لذا عقدت العزم على الانتقال إلى العيش في جوار الصالون، لكنني لم أجد شقة تلائمني.

الانتقال من المنزل العائلي

خلال الصيف، حلّت موظفة سابقة في الصالون حيث تعمل آيدا للزيارة، وأفصحت لها عن نيّتها في تأجيرها شقتها. تقول:

– لم يشأ والداي أن أغادر المنزل لاعتقادهما أنني لن أستطيع تحمّل مسؤولية النفقات التي من المفترض بالسكنى في الشقة وحيدة أن ترتّبها عليّ. شعرت بأنهما يوشكان على منعي من اتخاذ هذه الخطوة الضامنة لاستقلاليتي. لذا، سارعت إلى الاتصال بهما –وقد كانا خارج السويد– مدّعية أنني على عجلة من أمري وأنني لن أتأخر في الانتقال إلى الشقة، ثم أنهيت المكالمة.

لدى عودتهما إلى السويد، لم يُثر والداها أية جلبة بسبب نيّتها بالانتقال، بل تفهّما الصعوبات التي تقتضيها منها المواصلات ذهاباً وإياباً كل يوم وساعداها على نقل أغراضها إلى منزلها الجديد. تقول:

– عندما انتقلت إلى العيش بمفردي شعرت بالحرية، إذ كان بإمكاني تمضية ما أشاء من الوقت برفقة صديقي في غفلة عن أهلي. كانت اختي هي الوحيدة التي عرفت بشأن علاقتنا لأنها

كانت بمعيتي يوم التقيته تلك الليلة. مع ذلك، نصحتني أن أبقي على حذري منه قائلة: «لا بد ألا يحصل أي شيء بينكما». أجبتها بأن علاقتنا تخلو من أية جدّية وهي تسلية وحسب. لم أكن آنذاك أدرك أن مشاعري كانت ماضية في تطورها لتصبح أكثر قوة واندفاعاً.

سقوط قناع الصديق

كانت أخت آيدا وصديقها يلتقيان غالباً في شقتها في عطلة نهاية الأسبوع حيث كانوا جميعاً يمضون أوقاتاً مسلية في رحابة الصداقة. لكن سرعان ما راحت طبيعته الحقيقية تتكشف للفتاتين. تقول آيدا:

- كان خسيساً معي وينعتني بأبشع الصفات، حتى في حضور أختي التي راحت تكرهه. بل إنه كان يضربني عندما نكون بمفردنا ولا يجد حرجاً في التوجه إليّ بكلام مهين. ثم عندما كان يلتقي بأختي في شقتي، كانا يمضيان الوقت بالمشاجرة وهو ما كان يضنيني، لأنني كنت مضطرة إلى بذل جهد كبير لإقناعهما بالكَفّ عن المشاحنات. كنت أحب أحدهما بقدر الآخر، لكنهما كانا كالهر والفأر في كَرّ وفرّ دائمين. في بعض المرات، كنت أنجح في لجم سَوْرة غضب واحدهما من الآخر وفرض الصمت والهدوء في أرجاء المنزل. ثم، صارت أختي تصطحبني في رحلات ما كان هو مدعو إلى المشاركة فيها، ما أثار حفيظته وغيرته، وحفّزه على نعت أختي بأبشع الصفات.

ومذ ذاك سارت الأمور من سيئ إلى أسوأ.

في إحدى الأمسيات، هاتفتني أختي قائلة: «صديقك أم عائلتك. الخيار لك!». لم يكن لدى والديّ أي علم بشأنه لكنها أفصحت لي عن نيّتها في إخبارهما بجملة الأمر، وهما ما كانا ليقبلا به البتّة، كما أنهما، لو عرفا، لخيّبتُ أملهما لكوني ارتبطت بعلاقة مع غجري وأبقيت عليها سرّية طوال سنتين. لم أشأ لحظة واحدة أن نفقد الاحترام الذي كان واحدنا في العائلة يكنّه للآخر، وشعرت بأن خطوتي، التي رأيت فيها حرية ونوعاً من العبث، كانت في الحقيقة تُنْذِر بعواقب وخيمة وتفقدني ثقة والديّ لاختياري إخفاء ما كنت أعيشه عنهما. وإن شئت قول الحقّ لقلت إنني كنت حزينة وسعيدة في آن، لأنهما لو علما لكانا رفضاه، ليس لأنه غجري الأصل وحسب بل لأنه كان يُسيء معاملتي، وهو ما لفتتني إليه أختي.

استمرار الجحيم

لم تَرَ آيدا الجوانب السيئة في صديقها. كانت تعيش حالة من الحبّ أعمتها عن رؤية الحقيقة. لكن شيئاً ما في داخلها كان ينبّهها إلى أنه غير ملائم لها، وبخاصة أنه كان لها صورة أنموذجية تمثّلت في علاقة والديها التي يحكمها الودّ والاحترام والتعاون. تقول آيدا:

– كان يقسو عليّ عقلياً وجسدياً، وإن كنت اليوم نسيت عنف الكلمات إلا أنني لم أنسَ خِسّة الكلمات. فهي تعود إلى خاطري

دائماً. أسفت أختي، وهي التي شهدت على سوء معاملته لحالي، وبخاصة أن علاقتي به قد حوّلتني إلى إنسانة أخرى، إذ ما عدت آيدا المجنونة التي تقفز فرحاً، بل أصبحت آيدا العدوانية وذلك في كل مرة كنت أقصد أهلي للزيارة، وهذا أمر لم يغفلا عنه. ما كنت أريد اجتناب عائلتي، لكنني في الواقع كنت أحبّه.

راح الصديق يضايق أخت آيدا بحيث ساءت الأمور بين الشقيقتين دافعة بآيدا إلى كراهة عائلتها. تقول:

- في أحد الأيام، وبينما كنت في العمل، اتصل بالمنزل قاصداً التحدّث مع والدي. لكن الأقدار شاءت أن يكون في العمل، فتولّت أمي الإجابة. كان قد غافلني ونقل من جوالي رقم الهاتف في منزلنا، وعندما تناهى إلى مسمعه صوت أمي أخبرها بأنه غجري وبأننا نعيش منذ سنتين ثنائية سعيدة، إلخ إلخ. صعقت والدتي لهذا الكلام، ولما استفسرته عن الأمر قال إنه وجد الوقت مناسباً ليفصح عن علاقتنا لهما وبخاصة أنني ما كنت لأجرؤ على الأمر، ففضّل أخذ المبادرة بالنيابة عني وبلا إعلامي البتّة.

في ذلك اليوم هاتفتني أختي وقد كنت منهمكة في العمل، وأخبرتني بما جرى على عجل، فإذا بالدوار يصيبني وظننت للحظة أنها ربما تمازحني. لكنني سرعان ما أدركت أن الأمر لا مزاح فيه، فراحت فرائصي ترتعد خوفاً وخجلاً وما عدت

أقوى على متابعة العمل لشدة ارتجافي. لو كان صديقي واقفاً أمامي في تلك اللحظة، لكنت قبضت على خناقه وأجْهَزْت عليه.

استجمعت آيدا قواها وهاتفت والدتها فسألتها الأخيرة عما يجري في غفلة منها ومن أبيها. أطلعتها آيدا على بعض مما عاشته مؤثرة التأكيد على أنها ستضع لعلاقتها بالغجري حدّاً نهائياً. تقول:

- يا لغبائه! يستطيع أن يقول ما يشاء وقدر ما يشاء. لسنا سعيدين معاً! بل إننا نمضي الوقت في الجدال والمشاحنة! قالت والدتي: «لا بدّ لك من أن تشكري الله على عدم وجود والدك في البيت لحظة اتصال الغجري، وعلى كوني أنا مَنْ أجابت. لن أقول شيئاً لوالدك، لكن حاولي الرحيل عنه بأسرع ما يمكن».

عندما اكتشف والداها علاقتها بهذا الصديق، كانت آيدا في الرابعة والعشرين من العمر. ارتكز خوفها من والدها على أساس كذبها والتقليل من احترامه. مع ذلك، كانت على يقين من أنه ما كان ليؤذيها البتّة. ولعل تفاقم شعورها بالذنب عائد إلى أنها لم تكذب يوماً على والديها. تقول:

- كان الأمر بالنسبة إليّ أمراً جللاً، أعني الكذب بشأن علاقتي بغجري طالت سنتين في الخفاء. ما كان والداي ليقوما بتعنيفي، ولكنهما كانا ليفقدا ثقتهما بي إلى الأبد.

العودة إلى المنزل

في أحد الأيام، اتصلت الفتاة صاحبة الشقّة بآيدا طالبة استرجاع المأجور. فلم تجد الأخيرة بديلاً عن العودة إلى منزل ذويها. في تلك الحِقبة، كانت العلاقة بالغجري قد انتهت منذ أسبوعين. تقول:

- سألته كيف أمكن له مخابرة والدتي بلا علم مني. قال إنه كان يريد أن يكون رجل العائلة (ويقصد العائلة التي كانت ستكون لنا). قلت له إن ليس في مخابرة والدتي من دون إعلامي أية رجولة تُذكر. أدرك إذ ذاك أنه يوشك أن يفقدني. وعندما أعلمته بانعدام رغبتي في البقاء معه وبأن عائلتي تعني لي الكثير، راح ينشر بين أصدقائي إشاعة مفادها أنه ينوي الانتحار. قال إنه تحدّث مع معالج نفسي ويستطع الحصول على عنايته. فإذا به يستميل قلبي مرة أخرى بدموعه وإقراره بحبّه لي.

في أحد الأيام أتاني برأس معصوبة فأشفقت عليه، واتخذنا القرار بوجوب أن أهرب من المنزل والمكوث معه. أقسمَ أنه لا يحب إلّاي وأنه سيرعاني ويحميني. مرّ لاصطحابي من صالون التزيين حيث كنت أعمل وقصدنا شقته. كنت أنوي الاتصال بالمنزل وإبلاغ أهلي عن عدم نيتي بالعودة، لكنني لم أجرؤ لشدة خوفي. لم أكن أخشى أن يقوم أهلي بإيذائي، بل لأنني كنت ضعيفة عاطفياً حيالهم؛ ولشدة تعلّقي بهم ما كنت أنوي خذلانهم. بعد انقضاء ساعة من الوقت، استجمعت قواي وهاتفت والدتي. قلت: «لن أعود إلى المنزل الآن». ردّت والدتي

قائلة: «ليس عليك إلا أن تركبي الباص التالي». قلت: «أنا لا أعني أنني فوّتُ الباص بل أعني أنني أريد البقاء معه». لزمت والدتي الصمت المطبَق. وما لبثت أن أختي أن التقطت السماعة من يدها، لتقول لي: «استجمعي قواك وعودي إلى المنزل الآن قبل إياب والدنا». قلت: «لا، لن أفعلِ». رحنا نتصارخ وما لبثت أن أقفلت الخط في وجهها.

في وقت لاحق من ذاك المساء، قام والد آيدا بمهاتفتها طالباً منها العودة إلى المنزل، محتجاً بأنه يريد توضيح الأمور. قررت النزول عند رغبته ومناقشة الأمر مع العائلة. لم يرتضِ الصديق الوضع وقال لها إنها ضعيفة الشخصية ومتخاذلة عن تحمّل مسؤولية قراراتها وأردف: «إن على المرء أن يعتمد الحزم مع عائلته». تقول آيدا:

– عدت إلى المنزل حيث قال لي والدي إنه لا يأبه إن كان صديقي غجرياً أم لا، لكنه لن يقبل به يوماً لأنه أساء معاملة ابنته. «لو كان يرعاك كما لو أنك كنت أميرة لما كنت اعترضت عليه، لكن تصرفاتِه معك لا تُنْبِئ بأي خير. لقد كنت ابنتي لأربعة وعشرين عاماً ولم ألمس شعرة من رأس. فمن هو ذاك الغبي ليفعل؟ لو كنت أضربك، لكنتِ اعتدتِ الضرب، لكنني لم أتسبب بأذيّتك يوماً. تفعلين ما تشائين. أنا لم أرفض لك يوماً طلباً». شعرت بالسوء لأنني كذبت على والدي لأنه، كما قال، لم يرفع يده علينا، أنا وأختي، يوماً.

في اليوم التالي، قصدت آيدا عملها وراح صديقها يواظب على

الاتصال بها ليعبّر لها عن حبه؛ تقول:

- كان كل يوم يمر يحمل معه تدهوراً في العلاقة يذهب بها كنا نكنّه لبعضنا بعض من احترام. كنا نتشاجر ثم نتصالح ثم نتشاجر. قال: «أنت امرأة حياتي! أنت من سيحمل أطفالي!» إلخ... اتصلت بأهلي لأعلمهم بعدم عودتي إلى المنزل. قال والدي: «لكنك وعدت بعدم البقاء مع هذا الفتى بعد اليوم». قلت: «نعم، وعدت، لكني الآن أعود عن وعدي». قال والدي: «أنا أمنعك من مجاورة الأغبياء ولا أفعل ذلك إلا لأنني أحبّك يا ابنتي». مع ذلك، انتقلت للعيش مع صديقي.

الرحيل الإلزامي عن السويد

بعد مرور أسبوع، أتاها في الصالون شاباً كانت تعرفه وتظنه غريب الأطوار لأنه لم يمُرّ بها يوماً طارحاً السلام. طلب منها أن تزوده برقم هاتف صديقها فرفضت لعدم ارتياحها للأمر. لكنه أصرّ قائلاً إن جُلّ ما في الأمر هو نيّته في أن يعرض عملاً على الصديق. أعطته آيدا رقم الهاتف. اكتشفت لاحقاً أن والدها خابر ابن عمها المقيم في البلقان وسأله المساعدة، لضيق حيلته وعجزه عن ردع آيدا عن تهوّرها. تقول آيدا:

- في الواقع، لم يكن لدي خِيار آخر. فابن العم، المعروف بعدوانيته، كان يرغب بلقاء صديقي، لكن أختي نصحته بألا

يلتقيه بمفرده. أنا كنت أكرهه في طفولتي لأنه كان يَكثر من ضربي. وسرعان ما قرّر ابن العم والصديق اللقاء في إحدى الأمسيات، بلا علم مني. كنت إذن في البيت غافلة كلياً عما كان يجري. حضر صديقي وطلب مني لَمَّ أغراضي والعودة إلى منزل أهلي، مضيفاً إنه قابل للتو أخي، قلت: «ماذا تقصد بقولك إنك قابلت أخي؟ أنا لا أخ لدي؟ عمَّن تتحدث؟ أأكون في الرابعة والعشرين من عمري ولا أعرف أن لديّ أخاً؟». أجاب: «لا أعلم، لا أعلم، عليك العودة إلى المنزل وحلّ مشاكلك الخاصة». قلت: «المشكلة بيني وبينك». قال: «لا أريد التورّط فيما لا يعنيني؛ بإمكانك فعل ما تشائين». كان خوفه من ابن العمّ هو الذي دفعه إلى التخلي عني بهذه السهولة وما خيّب أملي فيه.

نزلت آيدا أسفل المبنى وعندما وقع نظرها على ابن عمّها صعقت كما لو أن الأمر كان كابوساً. قادها إلى المنزل حيث دار النقاش الذي برز فيه ابن العمّ بكل عدوانيته. لكن والدها لم يتمكن من ردعه لأنه هو من طلب منه المجيء إلى السويد وأطلعه على ما كان يحدث في بيته. تقول آيدا:

– بدا لي ابن العمّ العدواني أنه لا يرغب بتدخل والدي في المسألة، كما لو أنه كان يقول له: «إياك والتدخل؛ الأمر بينها (أي أنا) وبيني (أي هو). جلسنا في المطبخ للحديث، فوجدته يقرر اصطحابي معه إلى البلقان. رفضت لكن رفضي لم يجدِ. حاولت

إقناعه بأن لديّ عمل أواظب عليه في السويد، لكنه لم يكترث. قال: «نغادر غداً». خانتني الكلمات وكنت أشعر بأن عائلتي خذلتني لأنها لم تستطع حسم الأمر بنفسها بل استدعت قريباً يعينها عليه.

في تلك الليلة، لم يغمِض لآيدا جفن واستبد بها الشوق لصديقها. وفي صباح اليوم التالي، انهمك ابن العمّ وأختها في البحث عن بطاقات سفر إلى البلقان. قَبعت آيدا في غرفتها تبكي مرارتها. حاولت والدتها التهدئة من روعها قائلة لها إن الإقامة في البلقان لن تكون أبدية. قالت الوالدة: «ستبقين في البلقان إلى أن تتخلصي من هذا الشقيّ. وعوض الأسف والأسى، افرحي وامرحي. من يدري، قد تلتقين بمن هو أفضل من هذا الغبي فتنسينه». قالت آيدا في نفسها: «لا لن أنساه!». وفي اليوم التالي، وصلت البلقان.

الإقامة القسرية في البلقان

على الرغم من خيبة أملها من صديقها جراء خوفه من ابن عمّها، بقيت آيدا على تواصل به من كوسوفو، إذ كانت المسافة كفيلة بازدياد شوقها إليه. تقول:

- إن هذه العلاقة كالثمرة المحرّمة، ولكل ما هو محرّم لذاذته الخاصة. أظن أن هذا ما استثارنا. كنا نتصل ببعضنا البعض في غفلة عن الجميع، وأخبرني أنه أبلغ الشرطة بإرغامي بالسفر إلى البلقان. قام زالار بتزويد السفارة السويدية في كوسوفو برقم

هاتفي وساعدني على أن أجد من يعينني. ومن جهتها، وقفت السفارة في جانبي، وبخاصة أنني ما كنت أحمل جواز سفر ولا مال، وبعثت إليَّ بشرطية أعطتني هذا وذاك. خططنا لفراري من البلقان من خلال تحديد المكان والزمان للقاء عناصر الشرطة الموجلين بنقلي إلى المطار.

خلال إقامتها في البلقان، كانت آيدا تنام معظم النهار لشدة اكتئابها وشوقها لصديقها. وعندما حلّ اليوم المحدد للفرار، استفاقت عند الفجر خوفاً من إضاعة الفرصة. تقول:

– عجبت عمتي لاستيقاظي المبكّر. كنت قد أخذت ما يكفي من الوقت لتوضيب أغراضي، فقلت لها إنني أنوي الذهاب إلى منزلنا [في كوسوفو] لجَلْب بعض الملابس. فسألتني كم من الوقت يستلزم الأمر. قلت مهدِّئة روعها، إنه لن يتطلّب أكثر من عشر دقائق. فقالت: إذن أبدأ بتحضير القهوة بانتظار عودتك. لكنني رحلت ولم أعد أبداً.

لدى خروجها من منزل عمّتها، وجدت آيدا عنصرين من الشرطة بانتظارها لاصطحابها إلى العاصمة حيث سلَّماها بطاقة سفر وجواز سفر مؤقت بحيث استطاعت ركوب الطائرة والعودة إلى السويد في اليوم نفسه، حيث كانت بانتظارها شرطيتان أبلغتا بضرورة استقبالها ومواكبتها. فإذا بالشرطيتين تصطحبانها إلى مدينة أخرى غير تلك التي يعيش فيها أهلها وحيث كان صديقها بانتظارها، لينتقلا سوياً إلى

ملجأ آمن.

حياة آيدا اليوم

تمتلك الآن آيدا شقتها الخاصة وصالوناً تدير فيه أعمالها في مجال التزيين النسائي. استطاعت بالاعتماد على نفسها تصحيح أحوالها وعادت علاقتها بأهلها إلى سابق العهد من المحبة والألفة. أما علاقتها بصديقها، فلقد انتهت منذ وقت وليس لديها في الوقت الحالي أية علاقة أخرى.

قصة سوزان

يعود الفضل فيما أنا عليه اليوم إلى أختي وأحبّ صديقاتي إلى قلبي، فهما قدّمتا لي السند في أحلك الظروف التي مَرَرْت بها حتى صرت على قناعة تامة بأن العائلة والأصدقاء هم أهمّ الناس في حياتي. مما لا شك فيه أن المرء ميّال إلى ارتكاب الأخطاء لكنه يتعلّم منها؛ ولقد تعلَّمت من أخطائي أنه ينبغي عليّ عدم الاستخفاف بأيّ شيء وعدم الاستهانة بأيّ أحد، فالحياة تقدم لك كمّاً هائلاً من المفاجئات، السعيدة منها والتعيسة.

قانون السِّريَّة

في سبعينيات القرن العشرين، حلَّت عائلة سوزان في السويد قادمة من تركيا. في تلك الحِقبة، لم تكن سِنّ سوزان لتتجاوز السنة من العمر وهي اليوم في الثلاثين وثانية أبناء عائلة تعُدّ شقيقين وثلاث شقيقات.

انتقلت عائلة سوزان إلى الإقامة في السويد، يوم كانت هذه البلاد تستقبل دفقاً من المهاجرين عادوا في منابِتهم إلى دول عديدة، من بينها تركيا. لكن السبب في ارتحال عائلة سوزان إلى السويد ما كان كسب الرزق وتحسين ظروف العيش وحسب، بل كمن في رغبتها، وهي

المتديّنة بالمسيحية، بتفادي خطر الاضطهاد الذي كان يتهددها في تركيا حيث أضحى الإسلام طاغياً.

تقول سوزان:

- لا أنا ولا أيّ من إخوتي زار تركيا يوماً، مع أن والديّ ولدا وعاشا فيها ردحاً من الزمن. ولعل السبب في ذلك هو أن أكثر أقاربنا اتخذوا لهم من جنوبي السويد مقراً للإقامة الدائمة والعمل. ولقد كان لاستيطانهم في مدينة واحدة أن عزّز أواصر التعاون فيما بينهم وساعدهم على الحفاظ على خاصيّات العائلة الثقافية.

الاندماج

في السويد، أسس والد سوزان له شركة فيما انصرفت والدتها إلى العمل كموظّفة، وهو ما يوحي بأن العائلة قد نجحت في إدماج نفسها في المجتمع السويدي. غير أن الواقع يقول غير ذلك، إذ أبقت العائلة على علاقاتها الوثيقة بأقاربها وأبناء موطنها الأول ولم تجهد لبناء علاقات جديدة مع السويديين. تقول سوزان:

- لا يسعني القول إن والدي قد دمج نفسه كلياً في المجتمع السويدي. فهو يواظب على ارتياد مقهى يلتقي فيه أترابه الأتراك للأكل والشرب والسلوى. أما والدتي، التي تمتلك وظيفة عادية، فلقد اكتفت من اللغة السويدية بما يلزمها من عناصر تتوسَّلها للتعبير عن نفسها، ولم تسعَ يوماً، على رغم

إقامتها الطويلة في السويد، إلى تُحسين إلمامها باللغة، كما كان ينبغي عليها أن تفعل. أما أنا، فما كنت أجد حرجاً في معاشرة أيّ كان أو الذهاب إلى أيّ مكان، وهو ما كان يفضي إلى نتائج غير مرضية في بعض الأحيان، غير أن أهلي ما كانوا على علم بها أفعل. فعلى سبيل المثال، كنت أتغيّب يوماً كاملاً عن المدرسة وأدّعي أنني كنت فيها. وفي بعض المناسبات، كنت أزعم أنّ الباص فاتني لأبقى في البيت، وهو ما لم يهتم والداي يوماً بالتحقّق من صحّته. وبالتالي، فقد سَهُل عليّ التسرّب المدرسي، بلا الشعور بالخوف، إخفاءَ كَذِبي. تنبّهت إدارة المدرسة إلى تغيّبي المتكرر عن الصف، لكنها لم تجد ضرورة في رفع الأمر إلى مكتب الرعاية الاجتماعية المولَج متابعة شؤون المهاجرين أو في المسارعة إلى الاتصال بأهلي، حتى عندما كان غيابي عن المدرسة يطول أياماً موصولة.

وضع عائلة سوزان الاجتماعيّ والاقتصادي

كانت عائلة سوزان تتمتع بوضع اقتصادي مريح نوعاً ما سمح لسوزان بالحصول على المال كلما شاءت، بلا أية مشكلة تُذكر. قدمت آخر امتحاناتها المدرسية في حِقبة كانت السويد فيها تعاني شيئاً من الركود الاقتصادي، ثم حصلت لها على وظيفة مؤقتة أمّنت لها بعض المال. وعندما فقدت وظيفتها، اعتمدت على مِنحة البَطالة التي تزوّد بها الحكومة العاطلين عن العمل، فأفادت منها لتلبية حاجاتها.

تقول سوزان:

- كان على والديّ العمل للاضطلاع بمسؤوليات العائلة، إذ لم يكن دخل أبي وحده كافياً. وبما أن والدتي كانت تفتقر إلى مستوى تعليمي عالٍ، فلقد اكتفت بوظيفة بسيطة. أما أنا، فكان باستطاعتي الحصول على فرصة عمل تضمن لي استقلالية مادية ولا تقتضي مني شهادة عليا.

مرحلة الطفولة والمراهقة

لا تذكر سوزان الكثير عن طفولتها سوى أنها وإخوتها كانوا يتمتعون بالكثير من حرية التصرّف. تقول:

- كنا بلا شك نخضع للقواعد والأصول، لكننا مع ذلك كنا نستطيع أن نفعل ما نشاء. في تلك الحِقبة، ما كان التمييز بين الفتيات والفتيان ولا الانتماء القومي ليعيقا لقاءاتِنا بالأصدقاء. لكن عندما بلغت سِنّ المراهقة، أصبحت الأمور أكثر صعوبة. إذ عندما بلغت الثانية أو الثالثة عشر من العمر، راح أهلي يمطرونني بالمحاذير من طراز: «من غير الملائم أن تخرجي من المنزل»؛ «سيكثر انتقاد الناس لك إن رأوْك في المدينة وبخاصة إن كنت برفقة الفتيان»؛ «لا تخالطي السويديين»؛ «لا تتخذي لك من أحدهم صديقاً حميماً»، وما إلى ذلك، كما كان عليّ ألا أتأخر في العودة إلى المنزل وألا أتجاوز السابعة مساءً كحدّ أقصى.

عندما بلغت سوزان الخامسة أو السادسة عشر من العمر، أصبحت القواعد أكثر صرامة، كتلك التي كان يُحظّر عليها بموجبها ارتياد المقاهي، حتى خلال عطلة نهاية الأسبوع. تقول:

- على الرغم من المحاذير المفروضة عليّ، كنت أحاول تدبّر أمري قائلة في نفسي «إن فعلتُ هذا، فسيقبلان بذاك». أذكر كيف أنني كنت أبادر إلى تنظيف المنزل أملاً في أن أحصل مقابله على فرصة الخروج. كذا فعلت شقيقاتي. أما أخي فلم يكن مطالباً بأي شيء بل إنه كان يستطيع الخروج والتجول في المدينة والتسكّع مع من يريد والعودة إلى المنزل ساعة يشاء وذلك بلا حرج إطلاقاً، لعلمه بأن أحداً لن يحاول تشويه سمعته أو سمعة العائلة.

كنت وأخواتي مواضيع أكثر أهمية للنقاش. غير أن ما ميّزني عنهن هو أنني لم أستسلم يوماً، بل زادت اعتراضاتي كمراهقة بالتزامن مع تزايد معرفتي بحقوقي. وعندما لم تُؤْتِ الاعتراضات ثمارها المرجوّة، قرنتها بالأكاذيب، بحيث أفعل ما أريد وإن كان محظوراً. فعلى سبيل المثال، إن قررت المدرسة اصطحابنا في نزهة- وهو ما لم يكن والداي ليعترضا عليه- كنت أفوّتها عمداً مفضّلة عليها رحلة بحرية مع أصدقاء من انتقائي. ومن ناحية أخرى، كان ارتياد المقاهي والمرابع والمطاعم محظّراً عليّ وغير مطروح للنقاش بتاتاً؛ كذا بالنسبة إلى تسكّعي مع الفتيان، إذ كانت «سمعتي» هي الهَمّ الأوحد. فإن

رآني أحدهم مع شاب في المدينة لظنّ أنه صديقي الحميم وأنني بلا شك قد «فقدت عذريّتي».

كانت سوزان تقارن وضعها بوضع صديقاتها على الدوام لوقوع هذه المقارنة في مركزية اهتماماتها وبخاصة أنها كانت تكشف لها ما يميّزها عنهن. فهن ما كُنَّ يأبهن للسمعة، أكانت محمودة أم ممجوجة وما كُنَّ يخشين، إن هنّ تصرّفن بحرية، أن يجرّ الأمر على أهلهن وأقاربهن عتب الآخرين وغيرتهم وافتراءهم. تقول:

- على سبيل المثال، إن دعيت إلى عرس ما، وجب عليّ الاقتداء بالمحاذير والتصرف كما لو كنت ملاكاً، كي لا أفقد حظوظي في الحصول على مَنْ يرتضيني زوجة له. ولقد لاحظت أن السويديين لا يقيدون أولادهم إلا في سنوات طفولتهم. أما نحن فنفعل العكس تماماً، إذ يجيز الأهل في ثقافتنا لأولادهم الصغار في السَّن بكل ما يرغبون، وينهمكون بتقييدهم عندما يكبرون. وبهذا، عندما تدقّ ساعة اختبار قدراتنا على الاستقلالية وتحمّل مسؤولية أقوالنا وأفعالنا، نجدنا وقد أُطْبِق علينا الشّرك.

خلال مراهقتها وهي «مرحلة التمرّد»، كانت سوزان تريد تجربة أمور مختلفة وذلك في غفلة عن والديها وأقربائها. تقول:

- لقد ركبت العبّارة، وشربت الكحول، وتسلّلت من المنزل في الخفاء للسهر. وإن شئت قول الحقّ لقلت إنني ما كنت أخشى

أَن يعرفوا بأيّ من هذه الأمور، ليس لأنهم آميّين، بل لأنهم لا يعرفون كيفية عمل النظام السويدي؛ وبالتالي فإن قدرتهم على التحقّق من صدق مزاعمي أو عدمه كانت معدومة. لو كان لي أولاد لكنت عرفت كيف أتابعهم، فأنا نشأت في هذا النظام حيث يمكن للأهل – خلافاً لأهلي – التواصل مع إدارة المدرسة ومعلّمة الصف. وإن كان والداي يحجمان عن اعتماد هذه الطريقة، فلأنهما كانا على اقتناع بأمرين: الأول ضرورة قَصر التعاطي مع السلطات السويدية أياً كانت قدر الإمكان؛ والثاني الالتزام بالقاعدة القائلة إنه «لا يجوز نشر غسيلنا الوسخ على الملأ». أما اللجوء إلى مركز الخدمات الاجتماعية فما كان مطروحاً البتّة؛ كذا الأمر بالنسبة إلى اللجوء إلى الشرطة. وجُلّ ما كانت تفعله والدتي لمتابعة شؤوني، هو حضور اجتماعات الأهل في المدرسة لا غير.

عواقب انتهاك القواعد والأصول تشدّد في المراقبة

في القسم الأخير من تعليمها الثانوي، اعتادت سوزان التسرّب المدرسي لكثرة ما ضاقَت ذَرْعاً بالمدرسة. أتت النتيجة عقاباً بالضرب على يديّ والدها وبالاعتداء النفسي على لسان والدتها السليط بحقّها.

– كانت أمي تُنْزِل بي عقوبة سيكولوجية الطابع كأن تمطرني بإهانات من نوع: «أنت لا تصلحين لأيّ شيء البتّة»؛ «لا أحد يريدك أو يتطلع لخطبة ودّك»، «لا أحد ينظر إليك»؛ «لا بدّ لك

من أن تقللي من وزنك إن شئت الزواج»، «يا ليت نزوّجك لنتخلص منك»، إلخ... أما الضرب فلقد اشتمل على عدة فنون، منها صفع الوجه والأذنين، والضرب بالكفّ على كل أنحاء الجسم. زِد على ذلك، أنه ما كان يجاز لي العمل حيثما أريد، بل وجب على والديّ ارتضاء الأمر أولاً والموافقة عليه؛ فهما كانا يتحققان ما إذا كان المكان ملائماً؛ مثلاً عندما حصلت على وظيفة في مطعم لا يقدم إلا وجبة الغداء، وجب أن يتحققا ما إذا كان رواد المطعم من الرعاع والمتسكعين أم من ذوي الأخلاق. لم يكن باستطاعتي العمل في أيّ مكان إلا إن توافق ورؤية والديّ الصارمة وإلا حرماني من الفرصة. وبالإضافة إلى ذلك، فإنهما كانا حريصين على معرفة كل ما يتعلّق بصديقاتي، فلا يمانعا إن كُنَّ سويديات. أما صداقتي مع بنات المهاجرين فكانت من حيث المبدأ ممنوعة، ولا يجيزان بها إلا إن اطمئنا إليها، وذلك خشية، إن أسأتُ التصرف، أن ينسحب السوء على سمعتي وسمعة أوليائي بين أبناء جِلْدَتنا. كان الأمر برمّته إذاً يتعلّق بالسمعة وماء الوجه.

مع ذلك، انتهكت سوزان كل المحاذير التي فرضها أهلها، طوال المرحلة الثانوية التي بالغت خلالها بتحدّيهما. تقول:

- لعل السبب في تماديّ في انتهاك المحاذير عائد إلى طبيعة العلاقات التي كانت لي مع أترابي أواخر المرحلة الثانوية، وبخاصة أن المدرسة كانت تقع في الجهة الأخرى من المدينة،

حيث كان يصعب عليّ، والديّ مراقبتي، والسيطرة عليّ.

الجِنْسانِيّة

الجنسانية مرتبطة بالفتيات. إن كانت السمعة السيئة تحفو الفتاة –
ومفاد الكلام هنا جنسانيّتها – فإنه يستحيل على الشبان والشابات
مرافقتها حتى ولو كانوا يتشاركون وإياها الأصل الإثني أو العرقي
نفسه. أما عندما يتعلق الأمر بأشخاص ينتمون إلى إثنية مختلفة، فإن
معاشرتهم محظورة. تقول سوزان:

– كان لديّ صديقات لم يرتضِ والداي أن أعاشرهن، لكني مع
ذلك فعلت. كما أنهما كانا يحولان دون لقائي بالناس إلا إن
كانوا على علاقة بهم. وإن كان هؤلاء ينتمون إلى متّحد إثني
آخر، كانا يطمئنان إلا أنهم لن يقصّروا في مراقبة بناتهم. الجميع
يراقب الجميع إذن. ولذا، أجدني أُصْدِق القول عندما أصرِّح
بأنني لست فرداً بل عضواً في مجموعة تتولى مراقبة أفرادها،
كأن يقول أحدهم لآخر: «رأيت والدك في المتجر؛ كنتُ حينها
أتبضع» أو «إنها كانت على الشاطئ»، وما إلى ذلك. وبالتالي
فإن الجميع يعرف الجميع.

كنت أعلم جيداً أين تقع الحدود. في أحد الأيام، وقد كنت في
السابعة أو الثامنة عشر، تناولت طعام الغداء مع صديقة لي. ولما
عدت إلى المنزل أخبرت والديّ بالأمر فلم يفاجئا، لأن أحدهم
سبقني وأخبرهم به. في كل مرة كنت أنوي القيام بشيء، كنت

أعلمهم خشية أن يعلموا بالأمر من غيري. لكنهما مع ذلك بقيا في غفلة عما كنت أفعله حقيقة، إذ لم أكن أطلعهما إلا على القليل من يومياتي.

كان لي صديق حميم طوال بضعة أعوام، ولو افتُضح أمري، لكنت عانيت الأمرّين؛ غير أن والداي لم يعلما؛ وعندما كنت أغافلهما للذهاب في رحلة مع أبناء صفّي، كانا يجدان نفسيهما ملزمَيْن باختلاق القصص للأقارب، تبريراً لغيابي عن المنزل، وإلا وجب عليهما مواجهة الصعاب المتأتيّة عن الأمر.

تلقّت سوزان تربية جنسيّة في المدرسة، علماً أن الكلام في الموضوع كان محظوراً في المنزل جملة وتفصيلاً. وعلى الرغم من الحَظْر، كانت النساء يَطْرُقْنَه فيما بينهن، ليخلصْنَ إلى ضرورة تنبّه المرأة إلى سلوكياتها بحيث لا يحفوها سوء السمعة أينما ذهبت وحيثما حلّت. ويعود السبب الأول في ذلك إلى أن «شرف المرأة» هو «شرف العائلة والأقارب، في حين لا يُطْلَب من الرجل الحفاظ على عذريته. أما عذرية المرأة، فتتعرض للفحص صبيحة ما يسمى بليلة «الدُّخْلَة». ولقد درجت العادة على أن تضع نساء المنزل قطعة من القماش على السرير، فإن تبقّعت بالدم خلال ليلة الجماع الأول، اطمئن زوجها وأهله إلى أنها كانت عذراء وإلا فهي ضالّة تستحق العقاب.

دراسات سوزان العليا

لم يمانع والدا سوزان أن تبحث لها عن عمل. لكن عندما طرحت

مسألة متابعة تحصيلها العلمي العالي في مدينة أخرى، عارضا رغبتها هذه بشدة. تقول:

- كانا يريان أن الاكتساب العلمي حتى نهاية المرحلة الثانوية كافٍ وافٍ، مضيفَيْن: «لا حاجة لك بعلم أوفر. ما اكتسبته حتى الآن يكفي. آن الأوان اليوم لكي تتزوجي». كانا يبتغيان زواجي، بحيث تَخَفَّف عن كاهلهما نفقات إقامتي في كنفهما.

الزيجات المدبّرة

كانت سوزان في طور بلوغ السِّن التي تقتضي منها الزواج. تقول:

- سألتني والدتي أن أزوّق نفسي فأصبح أكثر جاذبية. حاولت شقيقتي الكبرى العمل بنصيحتها بحيث تكثر حظوظها في سوق الزيجات، كما حاولت أن تقنعني بصواب ما تطلبه أمي مني كأن تقول: «حاولي خسارة بعض الوزن» أو «كوني أكثر أنوثة في تصرفاتك، بحيث تجدين من يرغب بك وإلا فما من أحد سيتقدم طالباً يدك للزواج».

الزواج في متّحد سوزان مدبّر إذن وليس للفتاة فيه أيّ دور، بل إن الشاب هو من يبادر في معظم الأحيان إليه وإلا فأهله الذين يتقدمون بالطلب من أهل الفتاة بتزويجها من ابنهم، بحيث يتمكن العروسان المرتقبان من التحدث مع بعضهما بعض. ولقد درجت العادة على أن يرى أهل الشاب الفتاة في عرس أو حفلة ما أو أن ينتقيانها لابنهم من بين بنات أقاربهم؛ كما يمكن للشاب هو نفسه أن يقع بصره على فتاة في

السوق، فيحكي لأمّه وشقيقاته عنها، وهن يتولَّيْن أمر السؤال عنها وزيارة أهلها. تقول سوزان:

- ما أن تصبح الفتاة في مجتمعنا في سنّ الزواج، حتى يصل الخبر إلى أهل الشاب ومفاده: «هاكم فتاة يمكن أن يقع عليها خِياركم إن شئتم تزويج ابنكم». يُخْضِع الشاب وأهله الأمرَ للنقاش وإن توافقوا عليه، هاتفوا أهل الفتاة وسألوهم الإجازة لهم بلقائها أو بزيارتهم في منزلهم. وعندما يصلون، يطلب من الفتاة أن تقدّم لهم الضيافة من عصائر وحلوى وقهوة. ثم ينصرف أهلها إلى نقاش الأمر فيما بينهم. وفي بعض الأحيان، يمكن للشاب والفتاة اللقاء والمحادثة في غرفة أخرى، لكن بحضور إحدى الشقيقات أو القريبات، بحيث تشهد الأخيرة على أن اللقاء كان بريئاً وخالياً من أية شائنة تَمَسّ التقاليد. لكن إن كانت بعض العائلات تتمسك بهذه المحاذير، فثمّة أخرى لا توليها أهمية تُذكر. كما يمكن لعائلة الشاب أن تحمل يوم الزيارة هدية لأهل البيت أو للفتاة المرغوبة. كانت هذه هي الطريقة التي تزوجت بها أختي الكبرى. لم أعرف أين رأوها ولا من أخبرهم بشأنها. أذكر أن أهل زوجها المستقبلي حضروا إلى منزلنا حاملين لها هدية. ثم انصرفوا إلى تقويمها ليكوّنوا لهم انطباعاً عنها بالنظر إلى كلامها، شكلاً ومحتوى، وإلى تصرفها وضلوعها في المحادثة.

ما من أحد قال يومها إن الأمر برمّته متعلّق بالعذرية. لكن العذرية

هي الحاضرة الأولى في اللقاء التعارفي، ولا تخرج من الصورة إلا بعد الليلة الأولى. فإن تبقعت الملايا بالدم اعتبرت الفتاة عذراء والقران صالحاً مباركاً. أما قبل ذلك، فهو ليس أكثر من حبر على ورق. تقول سوزان:

- يدفع أهل العريس مقابل عذرية الفتاة مبلغاً ضخماً قدره في المنطقة حيث نقيم جنوبي السويد عشرة آلاف كرون؛ كما يمكن له أن يبلغ نصف مليون كرون بحسب مستوى العائلة الاقتصادي. وليس في الأمر ما يستدعي الغرابة، لكونه أكثر شيوعاً في بلدنا الأمّ، حيث درجت العادة على أن يتقدّم أهل العريس بطلب فتاة صغيرة السنّ يتراوح عمرها بين السادسة والسابعة عشر، علماً أن السّن الواقعة بين الرابعة والخامسة عشر مألوفة كذلك. هذا هو إذن المدى العمري الذي يفضّل للفتاة الزواج فيه. أما السبب في ذلك فلقناعة والديّ العريس، بأن الفتاة الصغيرة السّن طيّعة وأسهل مِراساً، وبالتالي تسهل عليهم السيطرة عليها، فتصبح كما لو أنها كانت «ملكهم»، كما يسهل عليها التأقلم والمقتضيات التي تسوس بيتهم وعائلتهم. أما الفتاة الأكبر سنّاً، فإنها غير مرغوبة لأنها أكثر ثقة بنفسها وأكثر تقديراً لشخصها. لذا، إن بلغت الفتاة الثامنة عشر وكانت عزباء، قال الناس إن فيها ما يعيب، أي إنها فقدت عذريّتها.

لغة الجسد هي إذن من يسمح لأهل العروس بتقدير ما إذا كانت

الفتاة ملائمة لابنهم أم لا. وهذا ما يفسِّر انشغالهم في الزيارة الأولى ليس بالتقاط كل ما تقوله وحسب بل برَصْد كل ما ينطِق بها جسدها. ولقد درجت العادة أيضاً على أن تعمد عائلة الشاب إلى التقصّي عن الفتاة وعائلتها مشدّدة بشكل خاص على سمعة كل منهما. وبالتالي، ليست الفتاة فرداً قائماً بذاته، بل جزءًا من جماعة. تقول سوزان:

– إن السائد في مجتمعنا لا يشبه في شيء السائد في العالم الغربي، حيث الفرد هو وحده المسؤول إن أتى بالسّيء من الأعمال، ولا تنسحب سمعته على عائلته. والأخطر من هذا هو أن سمعة الفتاة وحدها وليس سمعة الشاب، هي التي تؤثّر سلباً إن كانت ممجوجة على مجمل الشريحة النسائية في العائلة، بحيث لا تعود الفتيات فيها تجد من يتقدّم لطلب يدها للزواج. فعلى سبيل المثال، إن ضُبِطَتُ في المدينة أدخّن السجائر، قالوا إن كل النساء في عائلتي يأتين بالفعل عينه. فالتدخين وارتياد المقاهي أمران محظوران كلياً وبخاصة إن كانت المرأة عزباء. أما إن كانت متزوجة، فتصبح حياتها أكثر حرية بقليل، لكنها تبقى مع ذلك مقيَّدة بالعديد من المحاذير؛ إذ لا بدّ للفتاة عند سنّ البلوغ وللمرأة عامة من مراقبة سلوكياتها بحيث لا تجرّ عليها السمعة السيئة؛ كما يكفي لامرأة متزوجة أن تحضر عرساً أو تشارك في سهرة بلا زوجها حتى تروح الألسنة النّمامة تسأل: «لماذا أَتتْ العرس (أو السهرة) وحدها؟».

مغادرة المنزل عن طريق الزواج

بعد سنة على تخرّجها من الثانوية، أي يوم بلغت العشرين من عمرها، فرّت سوزان من بيت ذويها كي لا تضطر إلى الزواج مقابل الحصول على شيء من حريتها. تقول:

- لم يكن لديّ صديقات هرَبْن من منازلهن قبل الزواج. غير أنني لا أزال أذكر تلك الفتاة التي يوم بلغت الخامسة عشر من عمرها، تزوجت وغادرت منزل أهلها. حصل ذلك في السويد، وكنت لا أزال في مستهل المرحلة الثانوية. ولقد فعلتُ ذلك بعلم القيمين على المدرسة. لم يكن قرانها رسمياً إذ لم يسجل مدنياً، بل اكتُفِيَ بالاحتفال به في الكنيسة. وثمّة فتاة في السابعة عشر من عمرها تزوجت هي الأخرى بشكل غير رسمي. وأنا أعرف تلك الكنيسة التي كانت تخصّص الآحاد لعقد الزيجات، كما أعرف أن أياً من الفتيات المكلّلات كانت قد بلغت الثامنة عشر من عمرها.

تتمّ الزيجات إذن داخل المتّحدات حيث ليس من الصعب عقدها بطريقة غير رسمية (مدنياً) ما دامت السلطات الدينية موافقة عليها مباركة لها. وسواء عقدت في الجامع من قبل الإمام أو في الكنيسة على يد الكاهن، فالأمر سيّان لشيوعه. تقول سوزان:

- كثر هم الذين يتساءلون عن السبب الذي حداني إلى الانتظار حتى أتزوج، قائلين: «أتراها تشكو من شيء ما؟» أو «لعلها ما عادت عذراء» أو «ثمّة مشكلة تعوق زواجها».

إن كانت الفتاة تشكو من علّة عقلية، يقوم أهلها بتزويجها لرجل يماثلها حالاً. وإن كانت تعاني إعاقة جسدية ما، يعمدون إلى تزويجها بمَنْ يعاني إعاقة مماثلة. فاللاتي والذين يعانون اضطراباً وظيفياً، أكان جسدياً أم عقلياً أم نفسياً، لا يقدَّرون غالباً، شأنهم في ذلك شأن النساء المتقدِّمات في السّن نوعاً ما. تقول سوزان:

– بلغت أختي الثانية والعشرين من عمرها وهي لا تزال عزباء. ولهذا السبب، كان الضيق يتملك منها ومضى متفاقماً عندما أيقنت أن حريتها قد حُدَّت على نحو ملحوظ مقارنة مع الزمن الذي كانت ترتاد المدرسة خلاله. لذا، عندما طرق أحد الراغبين بالزواج بها بابنا، سارعت إلى القبول وانتقلت إلى العيش في منزل عائلة زوجها. وهي الآن تنتمي إلى عائلة أخرى.

أعرف شباناً (وشابات) غادروا منازل ذويهم طوعاً عندما حرموا من اختيار من يصْبَون إلى الاقتران به؛ وهذا في الحقيقة أمر غير اعتيادي. أما زواج أبناء وبنات العمومة فاعتيادي للغاية، نظراً لرغبة العائلة في عدم الإفصاح عن خصوصياتها لعائلة أخرى غريبة عنها وإن انتمت إلى المتّحد الإثني عينه. ذلك أنه من شأن الزيجات بأبناء العمومة أن تبقي على الشائعات، إن هي برزت، داخل الإطار العائلي الواحد. فعلى سبيل المثال إن شاء أحدهم الطلاق من ابنة عمه، نال مراده بلا إقحام أي غريب في الأمر، بناء على القول الشائع: «عليك ألا

تنشر غسيلك الوسخ على الملأ، إن كنت حريصاً على الشرف».

هذا ما يجده أبناء جيلي مقزّزاً. لذا بِتنا نرى الضعف يصيب هذا النوع من العادات والتقاليد، لا بل بِتنا نشهد على زواله التام من عدد لا يستهان به من العائلات.

في أعقاب الفرار

قبل أن تقدم على الفرار من المنزل، حصلت سوزان على مساعدة من امرأة تعمل في مركز إرشاد الشبان والشابات، الذي قصدته لعلمها بأنه يأوي مساعِدات ومساعدين اجتماعيين. في مستهل اللقاء، تحدثت سوزان عن أمور عامة بغرض أن تتحقّق مما إذا بإمكانها الوثوق بالمرأة المذكورة، ثم بدأت تتطرق إلى أمور أكثر خصوصيّة وعمقاً. حصل اللقاء يوم كانت لا تزال في المرحلة الثانوية، وهي أفادت من زياراتها اللاحقة للمركز كفسحة أجيز لها فيها التعبير عن نفسها بحرية. وعلى الرغم من تقدّمها في السّن وفراغها من المرحلة الثانوية، أبقت سوزان على عادتها بارتياد مركز الإرشاد طلباً للنصيحة والمساعدة. تقول:

- بعد فراري من المنزل، أبقيت على تواصلي مع العاملات في مركز الإرشاد لفترة قصيرة. كنت أشعر بالضيق يقبض على خناقي حقّاً، وليس لديّ مَنْ أسرّ له بهمومي لا بين أفراد عائلتي ولا بين صديقاتي. شغلت نفسي لفترة طويلة في البحث عن البدائل. إذ كان من الصعب عليّ القبول بالقيود التي كانت تحول دون عودتي إلى المنزل ساعة أشاء، ودون اتخاذي قرارات

حيوية بالنسبة إلى مستقبلي، كمثل اختيار شريك حياتي، ومتابعة دراستي، وانتقاء المدينة أو البلد الذي أودّ العيش فيه. وفي ظلّ هذه القيود، رحت أضع الخطط الضامنة لإفلاتي منها.

في أحد الأيام، رحلت سوزان عن منزلها بكل بساطة، بأقل ما يلزم من متاع ولم تعد إليه أبداً. مضى على فرارها هذا أكثر من عشر سنوات. ولقد لقيت مساعدة قدمتها لها منظمات إنسانية مختلفة، حصلت بموجبها على سقف يقيها شرّ التشرد. كما أنها أفادت من مساعدة أخرى أجازت لها تغيير اسمها والحصول على هوية تحميها السلطات في السويد. تقول سوزان:

– للأسف لم يتناقص الخطر الذي كان يتهدّدني، بل إنه لا يزال على حاله اليوم. وهو لن يزول، أطال الزمن ستة أشهر أو خمسة أعوام. فهم، وأقصد أهلي، يريدون استعادة شرفهم. أما بالنسبة إليّ، فحياتي أغلى على قلبي من شرفهم، حتى ولو كنت أعلم تماماً الحدّ الذي قد يذهب إليه أبي لينتقم مني ويخضعني. في العادة، يأخذ العنف له أشكالاً عديدة، بدءاً من القواعد التي تحدّد ساعة عودتي إلى المنزل والأسباب الموجبة للخروج منه وصولاً إلى الضرب لكماً على الأذنين وكافة أنحاء الجسم، والتعذيب النفسي، بل والقتل. تختلف إذن أشكال العنف باختلاف الطباع السائدة في العائلة وعقلية أفرادها. ولقد لَمَسْتُ لمسَ اليد خطر القتل الذي تتهددني به عائلتي، لا لشيء إلا لأنني رحلت عنها.

العنف بوصفه وسيلة للتنشئة

كان العنف جزءًا لا يتجزأ من حياة سوزان، حتى في سنوات طفولتها عندما كان يستخدم كوسيلة «تربوية» يُقْصَد بها تعليمها درساً في السلوك، يفيد منه أخوتها الصغار، إذ لم يكن والداها يوليان أية أهمية للقانون السويدي الذي يَحظُّر ضرب الأطفال. تقول سوزان:

– كان ضربي يشكل تهديداً لإخوتي، كأنه يقول لهم: «إن أتيتم بالفعل نفسه، لقيتم المصير نفسه». كان العنف نزيل عائلتنا مذ كنت صغيرة، فأنا بدأت أتلقّاه في سنّ الثالثة أو الرابعة. مع ذلك لا أذكر أن الضرب كان ينال من إخوتي وأخواتي، بل أذكر أنهم كانوا يتأقلمون مع الوضع القائم ويمتثلون بلا اعتراض للقواعد. وفي يوم هدَّدْت فيه والديّ بأن أشكوهم للسلطات السويدية، أمعنوا في ضربي. مع ذلك، لم أرَ أمي تُضْرَب يوماً لكنني كنت أسمع وقع الكفوف تنهال عليها وأصغي لبكائها.

عندما يتعلق الأمر بضرب الأولاد، يشعر الوالدان بأن هذا حقّ لهم، علماً أن الضرب ليس الوسيلة الأنجع للتنشئة. وعندما قلت لهما إنني سأشكوهما، لم يأبها بتهديدي، بل – كما سبقت إلى القول – ضرباني أكثر فأكثر. بطبيعة الحال، لم يكن العنف سائداً في كل العائلات، لكنني لا أتحدث هنا إلا عما خبرته وعانيت منه، في ظل استسلام إخوتي وأخواتي.

النظرة إلى المرأة

ينبغي على المرأة أن تُعْنَى بالرجل. هذا ما تعلمته سوزان منذ نعومة أظافرها؛ وتعلمت أيضاً أن الصبيان لا يحتاجون إلى تعلّم أي من الأعمال المنزلية، لأن مهامهم المستقبلية تقتضي منهم كسب الرِّزق. أما المرأة، فتقع عليها المسؤولية الأكبر وهي تربية الأطفال، وبخاصة منهم البنات قبل مرحلة المراهقة وبعدها. تقول سوزان:

- على سبيل المثال، كان عليّ ترتيب سرير أخي. وإن ما تزوجت يوماً، فإنه يُتَوقَّع مني رعاية زوجي، حتى ولو كان لكل منا وظيفة خارج المنزل، والاضطلاع بكل الأعمال المنزلية كأن أقوم بالتنظيف، وترتيب الأسرّة وتحضير الطعام والعناية بالأطفال.

الشرف

اختارت سوزان الإفادة من تجربتها في مسارها المهني. إنها اليوم عاملة اجتماعية وتودّ العمل على المشاكل المرتبطة بالشرف ولقد سبق لها أن فعلت بطريقة مثالية. تقول سوزان:

- عندما يتعلق الأمر بالانتماء الديني والعنف المرتبط بالشرف، ينبغي أن ندرك أن الإيمان الديني غير معني البتّة، بل إن الأعراف والتقاليد هي المقصودة. لكن للأسف، يُرْبَط الدين بالشرف وبالعنف الذي يستجرّه الادعاءُ بالحفاظ عليه في أماكن كثيرة من العالم وبخاصة منها تلك الواقعة

في الشرق الأوسط الزاخر بالديانات التوحيدية. في نظري، يتعلّق الأمر في الحقيقة بالخشية من زوال ماء الوجه نتيجة ما يفكره الناس بهذا وتلك وما يقولونه في حقّ هذا وخصوصاً في حقّ تلك. وبالتالي، فلا مانع من أن أؤذي الآخر ما دمت أحافظ على شرفي.

استمرار التهديد

لسوزان أحلام مستقبلية كأي شخص آخر، لكن شعورها الدفين يقول لها إنها لا تزال في دائرة الخطر الذي تتهدّده بها عائلتها، وهو ما يلزمها بالتقيّد ببعض المحاذير التي ترتضيها حفاظاً على سلامتها. تقول سوزان:

- أودّ الزواج برجل أختاره بنفسي. أريد العمل وإكمال تحصيلي العلمي والعيش في مكان أختاره بلا حرج. أظنني قد تقدّمت الآن في هذا المسار الذي مهّدته لنفسي، والذي يقتضي مني أن أحصّل نتائج جيدة في مدرسة تعليم الراشدين التي أواظب على ارتيادها، بحيث أتمكن من متابعة تحصيلي العلمي العالي في العلوم الاجتماعية، وهذا خيار فرَضْتُ عليّ التجربة التي كانت لي في الحياة حتى الآن. ما أزال أعيش في ظلّ هوية مستترة وفي مكان آمن، ولديّ عمل مرتبط بمجال تخصّصي أواظب عليه وإن كان مؤقتاً، كما لديّ شقّة خاصة آوي إليها وأجد فيها الراحة.

لا تزال سوزان في حاجة إلى مَنْ يحميها في مجتمع قادر على رعايتها. وهي لا تزال، عندما تخرج من منزلها، تشعر بانعدام حسِّها بالأمن والأمان. لذا، تراها تجتنب المناطق الزاخرة بالمهاجرين وتقول إنها لن تعيش يوماً في واحدة منها خشية أن يسألها الناس عن السبب في عدم زواجها وعن والديها وأشقائها. ولقد أدى بها هذا القلق الذي يواكبها لحظة بلحظة إلى التفكير جدّياً بتغيير مظهرها الخارجي. تقول سوزان:

- إنني أجتنب كذلك ارتياد مطاعم البيتزا وصالونات التزيين والمرابع والمقاهي التي يرتادها المهاجرون. ولا أفعل ذلك إلا لأضمن لنفسي الحماية. لا شكَّ في أن الحذر قَيْدٌ هو الآخر، لكن لا بدّ لي من قبوله إن شئت اجتناب الأعظم، علماً أنني صرت قادرة اليوم على اختيار شريك حياتي المستقبلي، والذهاب حيث أريد، وارتداء الملابس التي أشاء، واعتماد السلوكيات التي تناسبني.

قصة لورا: امرأة تحلم ببيتها الخاص

حلّت لورا، التي تبلغ من العمر اليوم خمسة وعشرين عاماً، في السويد سنة 1990، بصحبة والديها وشقيقها وشقيقتها، هرباً من جحيم الحرب ومرارة الفاقة في لبنان. وسرعان ما أصبح لها شقيقتان.

لبنان قبل الهروب

لا تتذكر لورا من تلك الأيام - أيام طفولتها في لبنان - إلا ضجيج القنابل والصواريخ المتفجّرة التي ترتعد لها الفرائص، والفوضى والعوز. تقول:

- إن الذكرى الأولى التي احتفظت بها من لبنان ذكرى تتصدّى بصراخ الناس المتراكضين من حولي. لم نفهم السبب في هلعهم واكتفينا بفعل ما يفعلون. كان العديد من أفراد عائلتنا يقطنون الطابق نفسه، وكنا باستمرار في حلّ وترحال، هرباً من القصف الذي كانت الأرض والجدران تهتزّ له، كذلك اليوم الذي راحت فيه القنابل تتساقط من كل حَدْب وصوب. تملكتني يومها الصدمة ولم أشعر إلا بضرورة الهروب وإن كنت لا أعلم

إلى أين، نظراً إلى الظلمة الحالكة والاكتظاظ والضجيج المترافق بالصراخ والبكاء. تلك كانت الحرب. قالوا إن إسرائيل هي مصدر الصواريخ والقنابل اليدوية التي كانت ترمى علينا بلا هوادة، لكنني لم أفهم ما كانوا يعنون بـ«إسرائيل». كان الجو خانقاً والارتباك سيّد الموقف.

في تلك الأيام، كانت أمي بمعيّتنا وكان والدي يعمل في إحدى دول الاغتراب. كنا نَعُدُّ عشرة أشخاص يعيشون في شقة من غرفتين حيث كانت أمي وخالاتي يصرفن الوقت والجهد في العناية بكل شيء. وعلى الرغم من الاكتظاظ إلا أنه لم يكن يُثْقِل عليّ أبداً، ولم أكن أشعر بضرورة أن تكون لي غرفة مستقلة، بل إنني اعتدت منذ نعومة أظافري على أن كل شيء هو مُلْك للكل.

في تلك الأيام، لم يكن لدينا ملاعب نرتادها للهو. أذكر فقط أنني كنت أصعد بدراجتي الهوائية الصغيرة التلال المحيطة بالمبنى وأنزلها. كنت أقضي معظم الوقت برفقة النساء، وأصغي بفضول لمحادثاتهن. في بعض الأحيان، كُنَّ يتبادلن أطراف الحديث بصوت خافت وهو ما كنت أستغربه. وفي يوم، قالت إحداهن: «لا حاجة لنا بخفض أصواتنا. إنها لا تفهم ما نقول!» لكنني كنت أفهم. مع ذلك، اصطنعت الغباء من باب الحذر.

أذكر أن بعد حلولنا في السويد، عدنا في زيارة إلى لبنان حيث قرّر الأهل اصطحابنا إلى مدينة الملاهي. فرحت لاعتقادي

بأنها ستكون مثل تلك التي كنا نرتادها في ليزبرغ (Liseberg) في غوثنبُرغ (Gothenburg)، لكن صدمتي كانت كبيرة عندما اكتشفت أن مدينة الملاهي في لبنان ما كانت إلا حفرة رمل معدّة للأطفال الذين كانوا يقفزون ويتراكضون فيها شَذَراً مَذَراً.

لا تعرف لورا بالتحديد كيف التقى والدها بوالدتها. كل ما تعرفه هو أنهما وقعا في الحبّ من النظرة الأولى. كانت في البدء تعتقد أن أفراد العائلة على تحابّ وتفاهم إلى أن اكتشفت أن عائلة والدتها كانت تزدري بوالدها لقلّة أملاكه وموارده المالية ولاعتدادها بأنها أكثر ثراء منه. تزوج والداها على الرغم من هذا الفارق بين العائلتين. وفي سنوات الزواج الأولى، جرت الأمور على ما يرام بين والدة لورا وحماتها. لكن العائلتان أبقتا على مسافة بينهما حالت دون لقائهما باستمرار. لم تدرك لورا صعوبة الأمر إلا عندما عادت برفقة أهلها في زيارة إلى لبنان، حيث كانوا يقضون شهراً كل عام. وفي أحد الأعوام، عانى أهلها من مشاكل عديدة بسبب عائلة أمها وهو ما كانت الأم تدركه جيداً، وإن لم تعترف به صراحة، لصعوبة تخلّيها عن «لحمها ودمها». وفي كل مرة كان أهلها (أي أهل أم لورا) يأتون بفعل ممجوج أو غبي ما، كانت تقول لأولادها: «حذار من الكلام عنهم بالسوء. احترامهم واجب».

أخذت لورا هذا التحذير على محمَل الجدّ وراحت تفكر في مغزاه لتخلُص إلى أن من يأتي بشنيع الأفعال والأقوال لا يستحق الاحترام،

أياً كان. وبالتالي، لم يكن الدرس الأول في الاحترام ليقنع لورا التي رأت فيه ما لا يتلاءم والتربية الصالحة المنشودة.

عقب زواج والدَيّ لورا، حملت أمها بشقيقتها الكبرى. في تلك الحِقبة، حاول والدها برفقة بعض من أصدقائه الخروج من لبنان طلباً للرزق، وتنقلوا بين دولة وأخرى إلى أن حطّوا الرحال أخيراً في السويد، فيما أبقوا على عائلاتهم في لبنان. اضطرت إذ ذاك والدة لورا إلى ملازمة منزل ذويها حيث عاشت في كنف والدها (أي جدّ لورا لأمها) وعمّتها، وهو ما تفعله النساء في لبنان عندما يغيب أزواجهن عن المنزل لوقت طويل نسبياً. كان والد لورا يعود إلى المنزل بين فترة وأخرى و«يجبّل» زوجته التي أنجبت أطفالاً عدة وعنيت بتربيتهم ورعايتهم.

ولدت لورا في جنوب لبنان حيث كان الكل يعرف الكل. أما اليوم فهي ما عادت تعرف أحداً من أهل القرية الذين يعرفون، مع ذلك، من تكون. لذا كانت، عندما تعود برفقة والديها لإمضاء شهر في لبنان، تحتاج لقطع المسافة بين منزلها ومقصدها القريب نحو الساعة، لاضطرارها إلى التوقف كلما التقت بأحدهم في الطريق لإلقاء التحية عليه كما تقتضي المخالقة الاجتماعية.

في تلك الحِقبة، لم يكن يجاز إلا للفتيات والنساء وتلامذة المدارس المسجلين في القسم الداخلي منها، الذهاب إلى جنوبي لبنان والإقامة فيه، في حين لم يكن يجاز للرجال، أياً كانت شرائحهم العمرية أو أعمالهم المكوث فيه ولو لأيام. لذا، فهي تكاد لا تذكر شيئاً البتّة عن والدها في

تلك الحِقبة، حتى عندما كان يأتي لزيارتهم زيارة خاطفة. لكنّ علاقات عائلتها بحكم الظروف، كانت مع أهل والدتها، وإن لم تكن اللقاءات بهم متواترة.

عندما تعود لورا بالذكرى إلى طفولتها، وتتفحّص في وجوه مَنْ كان يرعاها، تجد وجه أمها بين وجوه نسائية كثيرة. لذا، فهي لم تختبر العلاقة البنوية مع والدتها، التي باتت متاحة لها اليوم، كما أنها على قناعة بأنها نشأت ليس على يديّ والدتها وحسب، بل وعلى يديّ خالتها وخصوصاً على يديّ جدّتها فهنّ كُنّ يرعَيْن لورا وإخوتها، ويتولَّيْن المهام المنزلية ويُفرِدْن بعض الوقت كل يوم لتسليتهم. لذا، كانت لورا تلازم جدّتها معظم الأوقات، تساعدها وتتعلم منها أيضاً. تقول لورا:

- اليوم وما أن أخابر جدتي، حتى أسمعها تجهش باكية. لقد كانت لي على الدوام ولم تزل، الأحبّ إلى قلبي. غير أنني في طفولتي ما كنت أدرك هذا الشعور، لأنني كنت أجدها طاعنة في السِّن، ولأنني كنت ملزمة بمساعدتها في هذا وذاك من الأعمال المنزلية، ما كان يحول دون خروجي من المنزل للتسوّق أو اللهو مع أولاد جيلي كما كانت تفعل أختي الكبرى. لم تكن تلك الأيام لتجلبَ لي الفرح والسلوى إطلاقاً.

اليوم، عندما تعود لورا إلى تلك الطفولة التي قضتها حبيسة في المنزل تلازم جدتها، تشعر أنها لم تكن منصفة في حكمها عليها. غير أن الإنسان لا يدرك ماهية أحكامه على الآخرين بقسوتها وظلمها إلا

عندما تتقدم به السِّن وتخضعه الحياة للتجارب والصعاب.

النَّقص العاطفي

كانت لورا في الثامنة من عمرها عندما ارتحلت عائلتها إلى السويد، وما تذكره بوضوح من سنوات طفولتها الأولى هو النقص العاطفي الذي عانت منه طوالها، وذلك لانشغال والديها بالماديات أكثر من العواطف، في ظلّ الحرب الدائرة في لبنان، وما استتبعته من فقر وعوز. كانت طفولة لورا إذن مختلفة عن تلك التي حَظيت بها شقيقتاها الصغيرتان اللتان رأتا النور في الربوع السويدية، وهي ما زالت تتساءل حتى اليوم ما إذا كان للحرب والعوز تأثير في تربية الأطفال على العموم، وفي لبنان تلك الحِقبة على الخصوص، حيث بدت لها العناية بهم أقل شأناً مما هي عليه في السويد، بل قل بلا شأن بالمرّة. وعندما تعود لورا بالذكرى إلى تلك الأيام تجد أن والدَاها، وعلى الرغم من شغف واحدهما بالآخر، ما كانا يعتقدان بأن العاطفة أمر ضروري. بل إنهما اليوم يجدان صعوبة في ضمِّها كما تجد هي الأخرى صعوبة في ضمِّهم. تقول لورا: «عندما لا يكون المرء معتاداً على شيء ما، فإنه من الصعب عليه القَبول به». وهي تأسف على كونها لم تعتد ذاك النقص العاطفي، غير أنها تشدّد على أن أحاسيسها وقناعاتها هي في هذا المجال، مَحْضُ شخصية. زِد على ذلك أن معايشتها لأخواتها حملتها على الاستنتاج أنهن، هنّ أيضاً، يكابدن نقصاً عاطفياً.

التمييز بين الفتيان والفتيات

منذ نعومة أظافرها ولورا تشهد على التمييز الذي يعتمده والداها في طريقة معاملتهما للأولاد. فهما درجا على تدليل الفتيان حتى الإفساد عن طريق تلبية رغباتهم أياً كانت. لا تزال لورا تذكر كيف أنه كان يجاز لأخويها بالخروج من المنزل واللعب ما أن يستيقظا من النوم بلا مبالاة لضرورة ترتيب سريريهما أو أغراضهما. واليوم، عندما تستحضر لورا الأمر أمام والدتها، لا تشعر الأخيرة بأنها كانت تميّز الصبيّين عن الفتيات، بل تتهم ابنتها بأن ما تقوله ادعاء وليد مخيّلتها ليس إلا. تقول لورا في هذا الشأن:

- في المقابل، كنت وأختي ملزمتين بترتيب البيت وملازمته، عملاً بإرشادات أمي التي كانت تردد على مَسْمَعَيْنا ضرورة أن تتعلم الفتاة، ومنذ الصغر، كيفية إدارة شؤون البيت، مضيفة أنه لا يجوز لها باللعب. لا أعرف فتاة لعبت في طفولتها. ونحن كنا ملزمتين بالطبخ والتنظيف وتقديم يد العون لمن كانوا أكبر منا سنّاً. كان أهلي يقولون: «لهذا السبب، تُنْجَب البنات». أما الفتيان، فيقع عليهم واجب المساعدة على المدخول، فيما تعنى الفتيات بشؤون المنزل وبالعناية بالأهل وبخاصة المسنّين منهم، كما بالأطفال.

لم تلاحظ لورا المعاملة التمييزية بين الجنسين التي كان ينتهجها والداها وأفراد العائلة عموماً إلا بعد حلولهم في السويد. إذ لم يكن

الأمر ملحوظاً بوضوح في لبنان، حيث كان مبنى إقامتهم يصطخب بالأطفال وحيث كانت لا تزال أصغر سِنّاً من أن تلفتها هذه الأمور.

الاستقرار في السويد

كانت صدمة لورا كبيرة يوم وصلت السويد بمعيّة أهلها. وسرعان ما عرفت أن لكل من أطفال هذه البلاد غرفة خاصة به. تقول:

– إن الانطباع الذي أثاره في نفسي حلولنا الأول في السويد هو الدهشة أمام اتساع المسافات ورقّة الهواء. وصلنا في شهر تموز/ يوليو أو ربما في شهر آب/ أغسطس، لنجد الجوّ صافياً والهدوء عارماً. أذكر يومها أنني خرجت من المنزل لأشتري لي بعض الحلوى. وكم كانت فرحتي عظيمة لما رأيت الملاعب تترامى في كل جهة، فبدا لي المكان كما لو أنه جنّة للأطفال.

اللقاء بالوالد

عندما وصلت الأم مصحوبة بالأولاد إلى السويد حيث كان الأب يعيش ويعمل كانت سنوات ثلاث أو أربع قد مرّت على آخر لقاء له بلورا وإخوتها. تقول:

– تملكني التوتر قبل لقائه، وتساءلت كيف ينبغي عليّ التصرّف ما أن أراه. كنت كما أختي وأخويّ، أشعر بالخجل. ظنّ الوالد لما رآنا أننا لا نزال صغاراً فضمنا إلى صدره وقبّلنا. ثم لم يستطع أن يدعونا إلى الجلوس برفقته. وأنا لا أذكر أنني جلست مع أبي

وتجاذبت وإياه أطراف الحديث، حتى عندما كنت فتاة صغيرة.

لم تكن علاقة لورا بوالدها علاقة تسودها العاطفة والتلقائية، بل إن الصرامة كانت النهج المعتمد في تعامله مع أولاده، تماماً كنهج الأم. واليوم، عندما تسمع لفظة «صارم» أو «صرامة»، لا ترى إلا صورة والدها تتجلى أمام ناظريها. لكن لورا على اقتناع بأن نشأة والدها كانت صعبة. فهو لم يكن على علاقة جيدة بوالده الذي كان لديه ثلاث زوجات وتوفي في سنّ مبكرة، غائباً عن عياله إلى الأبد؛ كما لم يكن لوالد لورا عن أبيه إلا نصف صورة، إذ كان التصوير الفوتوغرافي نادراً في تلك الأيام. تقول لورا:

– ما كان بإمكان أيّ منا أن يكون له رأي أو قول في أي شيء، إذ كان والدي هو من يقرر الكبيرة والصغيرة. وأنا ما كنت أستطيع أن أطرح عليه أي سؤال، إذ كان الخوف يتملكني في كل مرة كنت أنوي فيها التحدث معه. لذا، كنت أتكلم مع والدتي أولاً طالبة منها النيابة عني، لحرصي على عدم الدخول في سجال معه. في تلك الحِقبة، كان والدي يحاول إيقاف عادة التدخين، وكان دائم التوتر، لا يتردد في صفعي أو صفع أيّ من أخويّ وأخواتي لا لشيء إلا لأن الرغبة الجامحة في التدخين تستبد به. لم أره يوماً يضرب والدتي، بل كان يكتفي بضربنا نحن الأولاد.

اليوم، عندما تعود لورا بالذاكرة إلى تلك الحِقبة، تدرك أن والدها

كان بحاجة إلى تنفيس غضبه الذي كان بوسعه الدفع به إلى صفع غريب يلتقيه في الطريق. لكن بما أن هذا الأمر كان ليجرّ عليه تبعات قانونية، فإنه استسهل ضرب أولاده. تقول لورا:

- كانت أمي تكتفي بالصراخ في وجهنا، وذلك خلافاً لأبي الذي كان يضربنا. أظن أن الصراخ والضرب ضعْفان في الراشدين الذين درجوا على إلقاء اللوم فيهما على الأولاد وتصرفاتهم. هذا ما كان يفعله والداي اللذان كانا يتبادلان الملامة في هذا وذاك. في إحدى السنوات، عدنا إلى لبنان، حيث تركاني وشقيقتي لدى أحد الأقارب، ولم يدركا سوء قرارهما إلا بعد فوات الأوان. وعندما كان يُطرح الموضوع، كانت أمي تلوم أبي لكونه كان السبّاق إلى اتخاذ القرار فيه. أحياناً، عندما آتي بأفعال لا تروق لأبي، يشرح لي السبب في رفضه لها على طريقته. وفي حال لم أقتنع، يستشيط غيظاً، صارخاً في وجهي قبل أن ينهال عليّ ضرباً. لذا، وجدت أن النقاش غير ذي طائل معه لأنه لا يوصلني إلى مكان.

الأصدقاء

بين السنة المدرسية الأولى والسنة الثالثة، كانت لورا تدعو أصدقاءها الصغار إلى المنزل. ثم راحت تحجم عن الأمر لخجلها من منزل أبويها، وبخاصة أنه كان لكل من رفاقها غرفة خاصة وألعاباً. تقول لورا:

- عندما كنت أستقبل صديقاتي في المنزل، كنَّ على الدوام يسألنني

118

عن السبب في عدم وجود غرفة خاصة بي. كان هذا السؤال يدفعني إلى الخجل. زِد على ذلك، أن والدتي ولانزعاجها من وجودهن في منزلها، كانت تعاملهن كما لو أنهن كنّ غير مدركات إذ غالباً ما كانت تطلب منهن الهدوء لتعود بعد هنيهة فتسألهن عن موعد عودتهن إلى منازلهن. لكن عندما كنت أنا من تزورهن، كانت أماتهن تغمرنني باللطف والودّ حقّاً. وبسبب هذا الخجل الناتج عن الشعور بالنقص على كل الأصعدة، صرت أحجم عن استقبالهن في منزلي حيث لا شيء مهماً نفعله، فأتت النتيجة أنهن أقلعن على مرافقتي.

لا بد هنا من لفت القراء إلى أن نشر الشائعات والغيرة العمياء كانت أموراً تشكل جزءًا من الصورة العامة للمتحدات المهاجرة في السويد. لكن لورا لم تكن لتواجَه بأية مشكلة في تلك الحِقبة، لأنها كانت لا تزال صغيرة السن، وعلى علاقة بأولاد يَنْتمون إلى الثقافة عينها ويعانون من المشاكل نفسها. وهي لم تشعر بالخجل إلا عندما أصبح لها صديقات من ثقافات أخرى.

الفاقة

خلال طفولتهم التي أَمْضوها في لبنان حيث كان الفقر يلازمهم، كانت لورا وإخوتها يَسْتَفْتون واحدهم الآخر عما يرغب في الحصول عليه لو كانت أحوال العائلة أكثر يُسْراً. وعندما حلّوا في السويد، كانت الأحوال صعبة أيضاً، وبخاصة في البدايات. اليوم، عندما تلتقي

الأطفال الذين يأتون صالون التزيين حيث تعمل مصفّفة شعر، برفقة أمهاتهم، تسألهم لورا عما يرغبون به في عيد الميلاد وتعجب عندما يجيب بعضهم إنه لا يرغب في أيّ شيء أو لا يحتاج أي شيء. لكن عندما استذكرت سني طفولتها، وجدتها خالية من أي بريق أو لون، ما لم يمنعها من أن تشكّل لها قناعة مفادها إنه من الأفضل للمرء ألا يكون كثير المقتنيات، ذلك أن التوازن في الحياة نعمة.

مرحلة المراهقة وتكاثر المحظورات

عندما بلغت لورا سنّ المراهقة، بدأت مرحلة أكثر قسوة في حياتها. إذ راحت المراقبة تتنامى، والمحظورات تتكاثر والعنف يُستدعى لحلّ أية مشكلة أكانت كبيرة أم صغيرة. وعندما وصلت إلى المرحلة الثانوية، كانت الموضة تسوّق للفساتين القصيرة والقمصان المجردة من الأكمام وبناطيل الجينز، وهذا ما كانت لورا تعتقده ملبساً مناسباً، إلى أن حصل ما ألزمها بتغيير اعتقادها هذا. تقول لورا:

- في صباح يوم من الأيام، ارتديت ما ترتديه بنات جيلي. ولما نزلت إلى الطابق السفلي حيث المطبخ وغرفة الاستقبال، وجدت أمي تحدّق بي دَهِشة، لتسارع إلى الصراخ في وجهي سائلة: «ما هذا الذي ترتدينه؟ غيّري ملابسك!». ومن جهته، لم يوفر أبي غضبه عليّ. لكنني مع ذلك، سألت: «لقد سبق لي وارتديت الجينز، ولم تجدا في الأمر أي حرج. ما الذي تغير بين ليلة وضحاها؟» أدركت لاحقاً أن ما تغيّر هو شكلي الخارجي

الذي لفت أبويّ ذاك الصباح تحديداً.

كانت لورا في تلك الحِقبة لا تزال صغيرة السنّ؛ فهي، أُسوة بشقيقاتها، لم تكن قد بلغت بعد ولم تكن قد فكرت حتى في ضرورة إزالة شعر ساقَيها. لكن مع ذلك، استنفر شكلها أبويها. فما كان منها إلا أن خلعت بنطالها الجينزي استرضاءً لهما، لتعود وترتديه ما أن تخرج من المنزل. لم تفهم لورا تماماً السبب في غضبهما، لكنها بالطبع لم تستسيغه.

كانت عائلة لورا كثيرة العدد، لكن والدها ما كان ليوليها أي اعتبار، إذ كان جلّ ما يهتم له هو خُلُوّ الصباحات من المشاكل والمشاحنات. لذا، كان يفترض بأمها أن تحضر طعام الفطور، وترسل الأولاد إلى المدرسة وترتب المنزل قبل استيقاظه. وإن حصل أن قصرت في واحد من هذه الأمور، استشاط غيظاً وأرغى وأزبد. تقول لورا:

- كان على والدتي واجب رعايتنا، وهو أمر ما كان يهمّ والدي كثيراً لأنه لم يمضِ معنا السنوات الثلاث أو الأربع التي كان خلالها يعمل في السويد. لكن ما لا أفهمه هو السبب في ضرورة إبقاء والدتي على واجباتها مع أننا أصبحنا نعيش في منزل واحد، حيث للوالد أيضاً إمكانية مساعدة زوجته على النهوض بأعباء العائلة.

وسرعان ما أصبحت المراقبة أكثر تشدّداً وتمثلت بقرار الوالد القاضي بأن تعود الفتيات إلى المنزل قبل غروب الشمس وإلا ووجِهْنَ بالشرّ المستطير. تقول لورا:

121

- كانت شقيقتي «بيتوتِيّة» كما تقول العامة. لا تبارح المنزل بتاتاً، ولم تكن لها أية صديقات. أما أنا فكنت فتاة «مسترجلة»، تحب مزاولة كرة القدم والذهاب إلى أيّ مكان تبتغيه، خلافاً لشقيقتي التي كانت ترتضي أوامر والدي بعدم الخروج، وتثابر على القراءة أيام القيظ. كانت إذن واحدتنا على نقيض الأخرى.

بدأت الصعوبات تغزو حياة لورا عندما أنجبت أمها صغرى أخواتها. كانت لورا في تلك الحِقبة قد بلغت العاشرة من العمر وبدا لها أن الحياة انتهت بالنسبة إليها. تذكر من تلك الأيام، أنه ما كان يجاز لها بالخروج من المنزل للعب إلا عندما كانت شقيقتها الصغيرة نائمة. لذا، كانت تهُزّ سريرها الصغير بعنف قائلة: «نامي، كُرمى لله!»، لكي يتسنى لها القفز بالحبل في الخارج مع صديقاتها. لكن الأوامر كانت تقضي بغير ذلك، إذ كان عليها العناية بشقيقتها الوليدة حديثاً ما أن تعود من المدرسة، وفي عطلة الأسبوع، إلى حدّ شعرت معه أنها أمّ الصغيرة. لذا، وجدت نفسها تكرهها وتتمنى لو أنها لم تولد لتنغِّص عليها عيشها. مع ذلك، لم تستطع يوماً إيذاء الطفلة ولكنها كتمت غيظها الذي كان يزداد كلما رأت والدها جالساً في كرسيه يتابع البرامج التلفزيونية ويدخِّن السجائر (لم يكن في تلك الحِقبة قد اتخذ قراره بوقف التدخين) أو يجري المكالمات الهاتفية، فيما تشقى والدتها في تنظيف المنزل وتحضير الطعام.

تقول لورا:

- نجحت يومها في حمل شقيقتي الصغرى على الخلود إلى النوم،

وسارعت إلى ركوب دراجتي الهوائية قاصدة منزل صديقتي الذي وصلته لاهثة. كنا قد عزمنا على الذهاب إلى إسطبل مجاور لكي نجرّب امتطاء الخيل، وكنت قد حضّرت كل شيء لهذه الغاية. لكن ما أن وصلت منزل الصديقة حتى وجدتها تخرج منه قائلة: «اتصلت والدتك. أفاقت شقيقتك من نومها ولا بدّ لك من العودة للسهر عليها!». لم أتمكن حينها إلا من الصراخ غيظاً، وعدت أدراجي إلى حيث تنتظرني مهامي.

عندما تعود لورا بالذاكرة إلى ذلك اليوم تفهم الغضب الذي تملّك منها حِيال كل من أمها وشقيقتها الصغيرة، وبخاصة أن التعسّفية التي كانت تكابدها انسحبت على كل ما كانت تعدّه من نشاطات تفرح قلبها. كان متنفّس لورا الوحيد هو التدرّب على كرة القدم. لكن سرعان ما بدأ والداها يعربان عن امتعاضهما (قالت لي هذا بمرارة واضحة) من ذهابها للتدريب مُحتَجَّيْن بوقوعه بين الخامسة والسادسة مساء، ساعة حلول الظلام. تقول لورا:

- لم يفكر والداي أبداً بإمكانية اصطحابي إلى النادي والعودة بي إلى المنزل ما أن أفرغ من التدريب. بل إن جُلَّ ما فكرا فيه هو الجلوس في المنزل براحة وإنجاب الأعداد الغفيرة من الأولاد والحصول على ما تقدمه الدولة لقاء كل وليد جديد من إعانات تساعد الأهل على تنشئة الطفل. أنا مثلاً، كنت أتقاضى مئة كرون شهرياً، وبالكاد كنت أحصل على ثياب جديدة أو أي شيء آخر، وذلك لإرادة والديّ بتوفير المال ومراكمته. لكن ما

فائدة الكلام اليوم وقد انتهى الأمر منذ زمن طويل.

أصبح من الصعب على لورا متابعة التدرّب على كرة القدم بسبب القواعد الجديدة التي أرساها والداها في شأن مواقيت الخروج من المنزل والعودة إليه. وسرعان ما أدخلا إلى حياتها محاذير إضافية، منها عدم الجواز لها ولأخواتها المبيت لدى صديقاتهن، بل وعدم جواز المَبيت خارج كنف العائلة أصلاً. أما إن أقامت المدرسة مخيماً، فإنهن كنّ يشاركن فيه خلال النهار لا غير، ويعدن في المساء مصحوبات بإحدى المدرّسات. أما الحظر الأكبر فإنه كان مفروضاً على المبيت في المخيم إن كان فيه فتيان أو إن كان السويديون ضالعين فيه. تقول لورا:

- سألت وشقيقي والديّ ما إذا كنا نستطيع المبيت في المخيم الذي تقيمه المدرسة، فأتى جوابهما على الشكل التالي: «لا بدّ لأولادنا من أن يتعلموا وهم لا يزالون في سنّ مبكرة، أن المبيت خارج المنزل ممنوع منعاً باتاً». يومها، لم نستطع إلا البكاء بحرقة. لكنني ما لبثت أن فهمت القصد من هذا الحظر ومفاده أن «من كان ينتمي إلى ثقافتنا وجب عليه ألا يمضي ليلته في أي منزل آخر غير منزله». لم تكن هذه القاعدة لتسري على الأقارب وحسب بل على كل الغرباء عنا. وما هوّن علينا الأمر هو أن كل أبناء وبنات متّحدنا كانوا يُخضعون للقانون عينه. أما السبب في ضرورة الامتناع عن مخالطة السويديين فكمن في «أنهم يأكلون لحم الخنزير ويجيزون للفتيان والفتيات التواجد في الغرفة نفسها». لم يكن يجاز لنا البتّة التشارك في الغرفة الواحدة مع

أي فرد من الجنس الآخر. وبطبيعة الحال، لم نستطع إلا الالتزام بهذه القواعد في حين كان يسهل على إخوتي تجاوزها والمبيت لدى من يشاؤون من أصدقائهم. لكنني في الحقيقة لم أتعرف يوماً إلى فتى أجنبي من سنّي أجاز له أهله المبيت لدى صديقه.

إن قصد لورا من وراء هذا الكلام هو الإشارة إلى أن الفتيان كانوا أكثر حرية من الفتيات. أما عندما تتحدث عن الأجانب، فإنها تعني العرب الذين كانوا يحلّون في السويد قادمين من لبنان أو العراق أو سوريا، بل والأكراد أيضاً. تقول لورا:

- هذه هي حال كل المسلمين، في حين لم يكن للمسيحيين المشكلة نفسها. وبالنسبة إلى المسلمين، إن حظّروا على فتياتهم المبيت خارج المنزل، فخوفاً من تعرّضهن للاغتصاب. ثم إن مبيت الفتيات خارج المنزل يعني الإتاحة لهن بلقاء السويديين ما قد يُفقِد الأهل سطوتهم. هذا إذن ما كان يشغل بال أهلي والمسلمين في متّحدنا: ماذا فعلت البنات؟ أتراهن أكَلْن لحم الخنزير؟ أتراهن تعرّضن للاغتصاب؟

الجسد والجِنسانيّة

إن السيطرة على الجِنسانية أمر في غاية الأهمية في عائلة لورا ومحيطها الضيّق. عرفت لورا حَيْضها الأول لما كانت في الصفّ الخامس، فصار اهتمامها بجسدها ومظهرها يتنامى، وراحت تنظر إلى نفسها في المرآة لترى إن كانت سمينة أم لا. تقول:

- سرعان ما لاحظت أمي اهتمامي المستجد بجسدي، فحظّرت عليّ النظر إليه في المرآة. غضبتُ وصرختُ في وجهها قائلة: «هذا ليس من شأنك، إنه جسدي». يومها ظننتها فاقدة للعقل وتساءلت في نفسي: «يا إلهي! إن لم أنظر إلى نفسي في المرآة، فمن غيري سيفعل؟ أتراني فقط ملكاً لرجل أتزوجه مستقبلاً؟». وَدَدْتُ لو أطرح على أمي هذا السؤال لكنني كنت دائمة الخوف إن فعلت، أن تغضب مني وتعاقبني.

كانت لورا تشعر بالأسف على والدتها لأنها ما كانت تنظر إلى جسدها في المرآة؛ فلو فعلت لكانت تنبّهت إلى ما يشوبه فأصلحته. في تلك الحِقبة، كانت لورا تُحْتَجَز في المنزل، وتُمْنَع من ارتياد النادي للتدرّب على كرة القدم، وتُضْرَب طوال الوقت. فانعكس كل هذا العنف على شكلها وأصبحت تزداد سمنة ولا تسمع إلا الكلمات المستهزئة بقوامها. ولما ألقت نظرة على جسدها في المرآة، لم تتعرف عليه وظنَّت أنها تنظر إلى أخرى لا تشبهها في شيء. مذ ذاك تغيرت الصورة التي تحتفظ بها عن نفسها.

مفهوم الشرف من وجهة نظر لورا

كانت السطوة المفروضة على كل من لورا وشقيقاتها مرتبطة بمفهوم الشرف، وهي تقول فيه:

- تختلف مسألة الشرف من عائلة إلى أخرى. فإن عرف الأهل أن لفتاتهم صديق حميم، سارع والدها إلى قتلها. هذه مسألة دقيقة،

ما كنا نفهم معناها، إذ لم تبادر أمي يوماً إلى القول: «لا يمكنك ممارسة الجنس ولا يسعك إظهار عُرْيك إلى أي كان»، لكنني كنت أدرك أن الأمرين محظوران.

لم تجرؤ لورا يوماً على مقاربة موضوع الجنس مع أفراد عائلتها، بل إنها لم تجرؤ يوماً على لفظ الكلمة، لشعورها القوي بأن الموضوع برمّته يدخل في باب «الحرام» وهو ما أدركته يوم بلوغها. وتقول لورا في الشرف إنه لا يعني إلا من ذهب الخبل بعقلهم مع أنه تقليد قديم اخترعه الشياطين، وتقصد بهؤلاء الرجال دون غيرهم من البشر، بحيث يُحْكموا سيطرتهم على النساء سيطرة كاملة. تقول لورا:

- إن تفحَّصنا جرائم الشرف لوجدنا مرتكبيها من الرجال على الدوام. ليست الأم من تقدِم على قتل ابنتها، بل الأب أو الشقيق. وإن قتلت الأم ابنتها، فإنها لا تفعل إلا لأنها ترزح تحت ضغوطات ذكورية جمّة. أما الرجل، فلا حرج لديه البتّة، بل إنه يقتل ابنته ببساطة. ليس الموضوع إذن إلا موضوع طاقة جسدية، يفيد منها الرجل على حساب من كانت أضعف منه جسدياً. لذا، تَرَيْنَني لا أُكِنُّ أي احترام لهؤلاء الرجال الذين يرتكبون العنف المرتبط الشرف. إنهم بهائم، بل إنهم أسوأ منها بكثير؛ وهم يمتنعون عن أكل لحم الخنزير في حين أنهم هم أنفسهم خنازير.

لقد سمعت لورا بقصة فاديمه. فمثل هذه الحالات لا تطرأ في لبنان

إلا نادراً جداً، في حين أنها، في نظر لورا، متواترة بين الأكراد. ومن ناحية ثانية، تستحضر لورا ما حلّ بإحدى عمّاتها، وقد كانت أختاً غير شقيقة لأبيها. كان على هذه العمّة أن تنتقل من بيت إلى آخر لتعنى بأعمال التنظيف وما حصل معها إبّانها يظهر بوضوح أن مسألة الشرف كانت مطروحة في عائلة لورا التي تقول في هذا الشأن:

- أودع جدي ابنته لدى عائلة من معارفه لتقوم بمهام التنظيف وقبض راتبها مسبقاً ثم رحل. عندما بلغت العمّة السابعة عشر، شعرت بأنها ما عادت قادرة على احتمال الهوان والتعب أكثر. فهربت من بيت مخدوميها، ولم تجد من يسعفها إلا عائلة طيبة قدمت لها المأوى والرعاية. كانت العمّة تجيد الرقص والغناء، فوجدت مكاناً تعمل فيه، وهو ما كان محرّماً، ويجُرّ على المرأة الاتهام بالفسق والفجور. لكن عندما علم والدها بفرارها، لم يتأثر، بل جزع، أسوة بزوجاته، لفقدانه المال الذي كانت تؤمنه له ابنته شهرياً. فراح يبحث عنها وعندما وجدها تعمل في مرقص، جُنّ جنونه وطلب من ابنه- أي والدي- اقتفاء أثرها وقتلها. يومذاك، أذعن والدي لأمر والده، وحاول مرات عديدة التربّص بها وقتلها، لكنه لم يفلح لأنها تدبرت أمرها وفرّت من جديد.

في السويد، حيث التعليم إلزامي، أرسل والدا لورا ابنتهما إلى المدرسة، لكنهما حظّرا عليها مخالطة السويديات. مع ذلك، بَنَت لها صداقة مع بعضهن داخل أسوار المدرسة، وامتنعت عن اللقاء بهنّ

خارجها. في المقابل، كان عليها أن تقدم كمّاً هائلاً من الأعذار لهذي الصديقات بحيث تجتنب الخروج برفقتهن لوجوب اهتمامها بالأعمال المنزلية، وهو ما كان يدفعها إلى الخجل من نفسها طوال الوقت. تعلمت لورا إذن كيفية الكذب، وراحت تكذب على أهلها من ناحية وعلى صديقاتها من ناحية أخرى. تقول لورا:

– كنت ملزمة بالكذب. كان الكذب سبيلي الوحيد للبقاء على قيد الحياة، ولاجتناب الجنون الذي كاد في تلك الأيام أن يذهب بعقلي. وكنت لا أجد أمامي سبيلاً إلا البكاء والدعاء طلباً للفرج من ضيقي. وغالباً ما كنت أسأل الله: «لماذا أنا دون غيري؟ لماذا خلقتني؟ لماذا تكرهني؟ لماذا جعلت من هذا الرجل وتلك المرأة والديّ؟». لكن سرعان ما خطرت في بالي فكرة مفادها أن من اعتقدتهما والديّ لم يكونا كذلك، لأنهما كانا يصرفان الوقت في ضربي وتأنيبي وحرماني من كل ما أحبّ. وهكذا، نجحت في التخفيف من ألمي، قائلة في نفسي: «لا بأس عليك يا لورا. ستجدين والديك الحقّيقّيين يوماً ما، وسينال هذا الإبْليسان ما يستحقانه من عقاب».

عندما وصلت لورا الصف السابع، أصبحت الأمور أكثر دقّة وصعوبة وصرامة. كان عليها أن تقصد المدرسة في الصباح وتعود منها في المساء لا غير، وأن تمتنع عن مخالطة الجيران وعن التحدّث إلى أيّ من فتيان المحلّة. ولكونها كانت كثيرة الخجل والانغلاق على نفسها، كانت الوحدة رفيقتها الوحيدة. وعندما انتقلت إلى المدرسة الثانوية، أصبح

كل ما يتعلق بالفتيات والفتيان والملابس يسترعي انتباهها. لكنها كانت عرضة للتنمّر بسبب ما تلبَس وما تحتذي. كانت أمها هي التي تختار لها ملابسها المضحكة في الحقيقة التي كانت تحملها على الخجل من نفسها. لذا، كانت ترتاد المدرسة، مرتدية الملابس نفسها، وهذا أمر مرهق لمراهقة. تقول لورا:

– كنت دائماً وحيدة! لقد جعل مني والداي فتاة وحيدة. لقد كابدت الجحيم في الصفوف الثانوية، مع أنني كنت أنجز فروضي، المدرسية منها والبيتية. ولكي أخفّف عن نفسي، كنت أتخيلني منبوذة وبالتالي غير ملزمة بمساعدة أيّ كان.

لم يكن يجاز للورا ومجمل أخوتها مشاهدة القنوات التلفزيونية السويدية. كانت حجّة الوالدين كالتالي: «ماذا لو طرق أحدهم بابنا ورآكم تتابعون البرامج السويدية؟ ألا يقول عنا إننا أسأنا تربيتكم؟». في الواقع، كان الوالدان يخافان من أن تقع أبصار الأولاد على مشاهد جنسية المضمون أو على شخصين يتبادلان القبل. لذا، كانا يقولان لهم إن البرامج السويدية فاسدة. إذن، كان كل شيء يتمحور حول الجنس. لكن الأبوان ما كانا يجدان أي حرج إن تابع الأولاد البرامج الزاخرة بالمشاهد العنيفة! هكذا تربّيا، وهذا هو النهج الذي يتبعانه لتربية أولادهما، وبخاصة منهم الفتيات اللاتي كانا يخشيان عليهن من الضياع. كان يستحيل على لورا أن تفكر ولو للحظة بإمكانية أن يكون لها صديقاً سويدياً، ولم تكن تقدر على تصوّر ما قد يفعلاه بها لو أنها

ارتبطت بأحدهم عاطفياً. كان العنف إذن مباحاً أما الحبّ فلا!

الإنذار بالكارثة

لم يكن الحب مصدراً للسعادة في حياة لورا وشقيقاتها، بل إن اللفظ وحده كان كافياً ليفتح عليهن أبواب الجحيم. كانت شقيقتها الكبرى تهوى كتابة الشعر، وبخاصة منه قصائد الحبّ، ربما لأنها كانت تعاني نقصاً عاطفياً ولم تجد أفضل من هذه الوسيلة لتستحضره في حياتها. وفي يوم من الأيام، وقعت أمها على يومياتها، وقرأت كل القصائد المدوّنة فيه، فجُنّ جنونها وراحت تمزّق بغضب وعنف دفترها، ممطرة ابنتها بكافة الألفاظ النابية، ظنّاً منها أن للفتاة صديق حميم يرسل لها بهذه الأبيات. وفي ذلك اليوم، تحولت حياة لورا وشقيقاتها إلى جحيم. تقول لورا:

– راحت أمي تصرخ في وجه أختي وتمزّق قصائدها وتصبّ عليها وابلاً من الشتائم كالنعوت بالعُهْر والفِسْق، بل إنها حرمتنا من ارتياد المدرسة لفترة من الزمن. وما لبثت أن أخضعت كبرى أخواتي، وهي التي كتبت القصائد، لقوانين صارمة نظّمت بموجبها مَلْبسها بل وما تحتذيه، فحرمتها من الأحذية الأنيقة، وفعلت كل ما بوسعها لتبدو في كل يوم ترتاد فيه المدرسة، بأبشع حلّة فلا تلفت إليها الأنظار. بل إنني أذكر أنها كانت تمسك برأسها، لتتأكد ما إذا كانت وضعت أحمر الشفاه، وإن وجدت طيفاً منه ليس إلا، سحبتها إلى دورة المياه، وشطفته عن

شفتيها بعنف.

بدا الأمر للورا كما لو أن الشيطان استوطن والديها اللذين امتنعا عن الدعاء لبناتهن بالتوفيق ساعة الخروج صباحاً إلى المدرسة. تقول لورا:

- أذكر أنهما ما كانا يناديان علينا بأسمائنا، بل يقولان: «يا غبيّة، تعالي إلى هنا». كانت تلك الحِقبة من حياتنا كالغيمة السوداء. أما المشكلة الحقيقية فكمنت في أنهما لم يستطيعا حمل نفسيهما على ضرب أختي؛ لذا، كانا يستدّان مني. كم من مرة دخلا الغرفة حيث كنت أختلي للقراءة أو لتحضير فروضي، لتمسك أمي بشعري بحيث أتسمّر في المكان في حين ينصرف أبي إلى ضربي مستخدماً حزامه أو حذاءه.

راحت الأمور تسوء مع تقدمنا في سنّ المراهقة، وارتقائنا الصفوف الثانوية. قبل ذلك اليوم المشؤوم، كانت شقيقتي الكبرى أفضل تلميذات صفّها، لكنها، أُسوة بي، أخذت تتراجع، لنجد نفسَيْنا في نهاية العام وقد رسبنا في كل المقرّرات الدراسية.

في يوم من الأيام، أصيبت شقيقة لورا الكبرى بالإعياء أثناء وجودها في المدرسة، مما استدعى نقلها إلى المستشفى. استهجنت لورا الأمر قائلة في نفسها: «كيف لشقيقتي التي لم تضرب يوماً أن تصاب بالإغماء وتحصل على العناية الطبية في حين أنني كنت أتلقّى الصفع واللَّطم بدلاً منها؟». حملتها هذه الحادثة على التفكير مليّاً في السبب الذي كان يجعلها

تتحمل كل ما تتعرض له من عنف بصلابة واضحة أثارت استغرابها.

العودة إلى لبنان

في واحد من مواسم الصيف، تحضرت العائلة للعودة إلى لبنان. يومها انتاب الفتاتين الكبيرتين، أي لورا وشقيقتها الكبرى، شعور بأنه لن يُسمح لهما بالعودة إلى السويد. وسرعان ما تعزّز هذا الشعور لديهما عندما لاحظتا أن الوالدين يجتَنِبان التحدث عن الأمر بوضوح. ومع أن الأمر كان مربكاً إلا أن لورا شعرت بشيء من الراحة حِياله، وانكبت على تحضير حقيبتها مرتّبة فيها كل ما تحتاجه في حال قُدّر لها البقاء في لبنان. وخوفاً من أن يرمي الوالدان بأغراضها، إن هما اكتشفا أنها وضبتها كمن لا ينوي العودة، حرصت لورا على التأنّي في إخفاء ما تفعله.

الإقامة في لبنان

ما أن وصلت العائلة إلى لبنان حتى أعلم الوالدان الشقيقتين بأنهما لن تعودا منه إلى السويد بسبب سلوكياتهما السيئة وأنذراهما بالشرّ المستطير إن اعترضتا على القرار المبرَم: «ستبقيان في لبنان وتقيمان لدى أقاربنا، في حين نعود برفقة الصغار إلى السويد». لم يستثِر القرار لورا، التي حافظت على هدوئها خلافاً لشقيقتها الكبرى التي راحت تصرخ وتبكي وتتوسّل بلا جدوى. بل إن امتناعها عن الطعام إلا ما ندر لأسابيع، لم يؤتِ ثماره المرجوّة. تقول لورا:

- ظننت أنني تخلّصت من هذين الغبيَّين. لكني سرعان ما اكتشفت أن الغباء ما كان صفة والديَّ لا غير، بل إنه كان الصفة الملازمة لكل أفراد عائلتنا في لبنان، الذين كانوا قد عقدوا العزم على التقرير بالنيابة عنا ما يصلح لنا وما لا يصلح. فعلى سبيل المثال، ظنّوا أن سمنتي لا تعوزني إلى الطعام الذي أستطيع التخلّي عنه لأسابيع بل لأشهر. ثم إن إطعامي يكلفهم مالاً وهو ما لا طاقة لهم على صرفه، علماً أن لأبي مع عمّي مالاً مشتركاً، وأن الأخ وعد أخاه بالعناية بفتاتيه.

للأسف، لم يكن بين الأخ وأخيه أية أوراق تثبت حقّ والد لورا من المال المشترك مع أخيه. كان الأول يودع الثاني المقيم في لبنان مالاً يمكنّه من شراء بيت في الوطن الأم. بلغ المال المتراكم بين يديّ الشقيق نحو ثلاثمائة أو أربعمائة ألف كرون. لكن بعد مضي شهرين على إقامة لورا وشقيقتها الكبرى في منزل عمّهما، ادعى الأخير أن ماله نفذ وأن والدها لم يستودعه يوماً أي مبلغ. بدأت الحرب إذ ذاك بين الشقيقين، واستعر غضب والد لورا. وما زاد الطين بلّة هو غضب والدة لورا التي ضاع مالها هي الأخرى كونها كانت تعين زوجها على كسب الرزق في السويد واقتصاد المال لتدبر أحوال العائلة متى عادت إلى الاستقرار في لبنان. وفي ظل خيانة الأخ لأخيه، توقف والد لورا عن إرسال المال إلى لبنان، فاضطرتا إلى الانتقال للعيش مع عمّة لهما كانت تعمل في معمل لصناعة الشوكولاتة ستة أيام في الأسبوع، مقابل ما يعادل مئتي كرون في الشهر. ومن ناحية أخرى، كانت لورا لا تزال تفكر في السبب الحقيقي الذي

دفع بوالديها إلى التخلّي عنها وعن شقيقتها للأقارب في لبنان. وسرعان ما اهْتَدَت إلى أن السبب كان خوفهما من أن تكتسبا في السويد عادات السويديات وأن ترتبطا بعلاقات حميمة مع الشبان، كما لو أن لبنان خال من الشبان، والجنس فيه غير موجود. تقول لورا:

- علمتني الإقامة في لبنان أنّ مخالطة الأقارب والناس فيه أسوأ بكثير مما كانت عليه حالي وحال شقيقاتي في السويد حيث السويديون لا يخفون ما يفعلون ولا يعتبرون أصلاً أنهم يأتون بالممجوج من الأفعال. أما في لبنان عامة، وفي محيطنا خاصة، فإننا نأتي بالمشين في الخفاء، وندّعي أننا ملائكة. والناس عامة يفكرون سوءًا بالفتاة، وينسُبون لها علاقات مع الشبان، ويتهمونها سِرّاً بأنها فاقدة لعذريتها.

عندما توقف والد لورا عن إرسال مالٍ لشقيقه يمكّنه من رعاية فتاتَيْه سارع أبناء وبنات العمومة إلى التأفف منهما واتهامهما بالجهل قائلين إنهما عادتا من السويد بلا أي اكتساب علمي مع أنهما أمضتا فيها سنوات العمر. فصاروا يعاملونهما باحتقار قائلين إنهما لا تصلحان إلا للعمل في تنظيف البيوت أو ربما الزواج. وبطبيعة الحال ما كانت هذه المعاملة لتسرَّ لورا وشقيقتها.

مخطَّطات خاصة للمستقبل

بدأت لورا تخطط لمستقبلها ووجدت أن التدرّب على تزيين الشعر يلائمها ويعدها بتحسين أحوالها. لكن هذا النوع من التعليم المهني

يكلّف مالاً وهو ما لم تكن تملكه. فوجدت لها عملاً في معمل لخياطة الملابس الجاهزة حيث كان عملها قصّ القماش وتفحّص الأزرار. داومت على هذه الوظيفة في المعمل مدة تراوحت بين ثلاثة وأربعة أشهر، وكان يومها فيه شاقاً وطويلاً إذ كان العمل يبدأ في السابعة صباحاً ولا ينتهي إلا عند الحادية عشرة ليلاً، مع فرصة من خمس عشرة دقيقة مخصّصة لتناول طعام الغداء. تقول لورا:

– كانت وتيرة العمل في المعمل سريعة للغاية. كنا كالآلات لا نتوقف. وكان علينا الانتباه لكل تفصيل وإلا عوقبنا بالطرد مباشرة، وبخاصة أننا كنا نفتقر إلى أي ضمان اجتماعي يحمينا من تعسّف ربّ العمل. كان الوصول إلى المعمل يقتضي مني عشرين دقيقة إن ركبت الباص. لكن كلفة الباص صباحاً ومساء كانت تقتضي صرف مبلغ يعادل عشرة كرونات. ففضلت الاستغناء عن الباص والذهاب إلى المعمل سيراً على الأقدام، لمدة ساعة ونصف في الصباح وساعة ونصف في المساء. وكان من الطبيعي أن يؤدي بيَ الجهد إلى فقدان الوزن، ما لم يعجب الأقارب الذين وجدوا في الأمر ما يعيب ويدعو إلى التأفف والنقد.

في تلك الحِقبة كانت لورا وشقيقتها تقيمان في منزل العمّة، بما أنها هي من كانت تعنى بهما. ولأن الشقيقة الكبرى أفضل من لورا في اكتساب العلم وجدت العمّة أنها تستحق الالتحاق بمدرسة تتعلم فيها الإنكليزية وتتابع تحصيلها العلمي. وبعد فترة من الزمن، اضطرتا

إلى العودة إلى الإقامة في منزل عمها حيث ادّعت زوجته أن التربية تنقصها وأنها ستتولى تنشئتها كما ينبغي، فأخذت بضربها. أما والداها فكان يهاتفان منزل العمّ من وقت إلى آخر للاطمئنان عليها. كانت لورا هي من تتحدث إليهما خلافاً لشقيقتها الكبرى التي ما كانت تطيق سماع أيّ من صوتَيْهِما.

«- كيف حالكِ؟

- ماذا تظن؟ أشعر بالسوء الشديد».

تقول لورا:

- كنت أتمنى أن يبتلعهما الجحيم؛ بل إن أفراد العائلة في لبنان كانوا يرَوْن فيهما غرابة الأطوار ولا يذكرونهما بأي خير، بل يعيبان عليهما تربيتنا الحائلة في نظرهم دون حصولنا على وظيفة نسترزق بها، خلافاً لأفقر الناس في لبنان الذين نجحوا رغم ظروفهم العصيبة، بتعليم أبنائهم وبناتهم.

مع ذلك، كانت لورا مرتاحة للوضع، الذي كان يسمح لها من وقت إلى آخر ببناء علاقات صداقة مع بنات جيلها والخروج برفقتهن للنزهة. لكنها كانت ملزمة بطلب الإذن من والديها الغائبين في كل كبيرة وصغيرة، ما كان يضطرها إلى ترجّي أقاربها الاتصال بهما. تلك كانت ضرورة لم تستطع الفكاك منها في طفولتها ولا في مراهقتها، يوم كانت تهوى السباحة التي تعلمت كيفياتها في المدرسة في السويد حيث كانت تمارسها خلال فصل الصيف، بل وتشارك في مباريات تنافسية.

في تلك الأيام، كان والداها يحظّران عليها ارتداء «المايوه»، ويفرضان عليها ارتداء بنطال قصير وقميص برُدْنَيْن فينظر إليها أترابها مستغربين مظهرها. لكن الأمر لم يطل بالمدرسة حتى طلبت منها ارتداء «المايوه» أُسوة بالأولاد الآخرين وهو ما كان يستحيل عليها الانصياع له، فاضطرت إلى التخلي عن السباحة.

وفي يوم، عادت فيه من عملها في لبنان فرحة بما حصّلته من مال، وجدت لورا أمها في المنزل. لم تكن الأم قد تكبدت مشقّة السفر من السويد إلى لبنان بغرض لقاء بنتَيْها بل بغرض الحصول على المال الذي كان عمّها يستأثر به.

تقول لورا:

- وجدتها تقول لي: «تعالي إليّ يا ابنتي! دعيني أضمّك إلى صدري!». لكنني رفضت قائلة لها: «لا تمسّينني!»، وقصدت الغرفة مقفلة بابها. فإذا بأهل البيت يصرخون في وجهها قائلين: «أية تربية هي هذه التي أنشأت فتاتَيْك عليها؟ إن لورا سيئة السلوك حقاً وتحتاج إلى من يقوّمها بالضرب. إنها شائنة سيّارة! لم نَرَ في حياتنا فتاة مثلها!». لا يزال كلامهم هذا يدفعني إلى الضحك، لأنني كنت فخورة بنفسي، غير مبالية بأحكامهم المجحفة بحقّي، لأنني كنت على صواب وأنا اليوم لا أندم على ما فعلت، بل أندم فقط على ما لم أفعله. في كل حال، لم يطل الأمر بأمي وعمّي حتى دخلا في شجار بشأن المال الذي

أنكر عمّي حيازته كما أنكر حقّ أخيه وزوجته في استرداده. في المقابل، كان شجارهما يسعدني لأن هذا المال المتعارَك عليه، كان في نظري مالاً فاسداً. ألم يدفعاه لكي يتَخَلَّصا منا؟ ألم يقايضا العاطفة البنوية بالمال؟ الآن ما عاد لهما مالاً، بل إن كل ما جمعاه منه واستودعاه لدى عمي ذهب أدراج الرياح. لم تستطع أمي القول في نهاية الشجار، إلا أن عمي «خنزير موصوف»، مفصحة لي عن أنها لم تأت بأي مال من السويد وأنها بحاجة لتقترض مني بعضاً منه. فما كان مني إلا أن رفضت طلبها قائلة لها: «عذراً، لن أعطيك أي شيء!». فاتهمتني بالقسوة والأنانية، ما أثار حفيظتي وغضبي، أنا التي عانت الأمرَّيْن جراء المعاملة التعسّفية التي أفردها والداي لي، والقلق الدائم الذي كنت أكابده. فصرخت في وجهها: «كيف تجرؤين على طلب المال مني، أتراك جنِنْت؟».

نال اليأس من لورا، ولم تدرك ما كانت تفعله. توجهت إلى المطبخ وأخذت من الثلاجة أدوية جدتها وأقفلت على نفسها باب الحمام. أدرك الموجودون في البيت نيّتها، فسارعوا إلى طرق الباب بعنف طالبين منها التوقف عن العبث، لكنها كانت تدرك أن الحبوب التي سَفَّتها لن تؤذيها، لأنه سبق لها أن حاولت الانتحار في السِّر. أخذت والدتها تبكي بحرقة قبيل ذهابها إلى المطار. لم تفهم لورا السبب في بكائها. ألأنها لم تحصل على المال؟ أم لأنها خسرت أحلامها وضيعت حياتها سدى؟!

كانت أمها تغذّي الأمل بالحصول على بيت واسع تزيّن فناءه حديقة

غَنَّاء، لأنها مُذ تزوجت من والد لورا لم تحصل يوماً على ذهب، كما هي العادة في الدول العربية، حيث يجلب الرجل لزوجته المرتقبة بعضاً منه. وبعد كل ما صرفته من جهد لتعين زوجها على جمع المال الضامن لبناء المنزل، أدركت أنها ما عادت تملك أي شيء: لا مال ولا منزل.

الالتحاق بمدرسة التزيين النسائي

خلال عملها في معمل الخياطة في لبنان، جمعت لورا بعض المال واستطاعت تالياً الالتحاق بمدرسة للتزيين النسائي. لكن قبل بدء الدروس بشهر، حضر والدها من السويد لأن شقيقتها الكبرى كانت على وشك الزواج. وتجدر الإشارة هنا إلى أن الأخيرة نجحت في التأقلم مع أجواء العائلة، فطورت علاقتها بأولاد عمّها، وتديّنت ولبست الحجاب وتابعت دروساً في القرآن. وما لبثت أن التقت برجل متديّن هو الآخر طلب يدها للزواج فوافقت. لم تكن لورا تطيق الرجل، في البداية، لكنها سرعان ما وجدت فيه رجلاً يستحق الاحترام والتقدير. تقول لورا:

- في البداية، كنت أكرهه وأرميه بالماء كلما أتى لزيارتنا، بل إنني كنت أطرده. لكن أختي كانت تتعلق به يوماً بعد يوم، فاكتشفت بدوري أنه ألطف شخص قابلته في حياتي، إذ كان يحسِن معاملتها، وكدنا أن نصبح صديقين. صحيح أنه كان متزمتاً بعض الشيء، لكنه سرعان ما اقلع عن تزمته، وبخاصة عندما تزوج بأختي، وذهبا للإقامة في السويد بعض الوقت.

اليوم، تعيش شقيقة لورا في لبنان برفقة زوجها وأولادها، غير أن الزوج يقصد السويد من وقت إلى آخر بصفة عامل أجنبي يعني، بموجب عقد مؤقت، بناء منشئات في السويد حيث أمكن له اللقاء بوالديّ زوجته ليجدهما غريبَيْ الأطوار، ما حال دون إقامته علاقة وديّة بهما. من ناحية ثانية، كانت لورا على قناعة بأن أولاد عمّها مثلها، يعانون نقصاً في العاطفة الأبوية والأمومية. لذا، استغربت أشدّ الاستغراب عندما رأت يوماً زوجة عمّها تدلّل أولادها وتضُمهم إلى صدرها وتغدق عليهم بالملاطفات والقبل، فتساءلت في سِرّها: «أتكون المحبة موجودة حقاً في هذه البلاد؟».

عقد قران الشقيقة الكبرى

عارضت الأم في البدء زواج ابنتها لاعتقادها بأنه مبكّر نظراً إلى فتُوّتها. زِد على ذلك، أن الزوج المرتَقَب ما كان يتمتع بوضع مالي جيد، وهي كانت تفضل لابنتها زوجاً ثرياً. ومن ناحيتها، تعتقد لورا اليوم وبعد مرور سنوات على قران شقيقيها، أن الأخيرة ليست سعيدة وذلك بسبب نشأتها التي أورثتها ندوباً يصعب عليها التخلص منها، ما يُتْعِسها بحيث لا تنام إلا والدموع تملأ مقلتَيْها.

لكن على الرغم من كل ما عانينَ منه على امتداد طفولتهما ومراهقتهما، يبقى لكل منهما رأيها الخاص فيما حَلّ بهما. فالشقيقة الكبرى لا تزال رهينة الشعور بالذنب، وهي على قناعة بأنها تدفع «ديناً» هي مسؤولة عنه، وإن كان السبب في هذه القناعة خَفِيّ عليها. أما لورا فلا تفهم

البتّة شعور أختها التي لم تقترف أي ذنب، بل ظُلمت كثيراً وبخاصة يوم حال أبواها دون إكمال تحصيلها العلمي وهي التي كانت الأولى ليس على دفعتها وحسب بل وعلى تلامذة المدرسة برمّتها، وتتطلع إلى أن تصبح يوماً مختصّة بالطب النفسي العيادي أو بشيء من هذا القبيل.

العودة إلى السويد

بعد زواج الشقيقة الكبرى، غيّر الوالدان من موقفهما حِيال لورا التي أثبتت نفسها وحصّلت لنفسها تعليماً. وبما أنهما وجداها ذكيّة وقادرة على تحمّل المسؤولية قررا العودة بها إلى السويد، وذلك بناء على نصيحة العائلة في لبنان.

لكن العودة إلى السويد والاندماج مجدداً في المجتمع السويدي كانا بالنسبة إليها أمران لا يخلوان من الصعوبة. كان والداها قد انتقلا إلى الاستقرار في مدينة أخرى، وهو ما أسعدها لأنها تخلصت بذلك من الذكريات الحزينة التي كانت لها في المدينة الأولى حيث جُرِّعَت مُرَّ العلقم. في البداية، دلّلها والداها وأكثرا من الإطراء عليها. لكن العادات الإلزامية والمحاذير عادت لتبرز من جديد. فعلى سبيل المثال، عندما عبّرت لورا عن رغبتها في العودة إلى المدرسة والدخول إلى الصف التاسع، وهو ختام المرحلة الثانوية، بحيث تحصل على شهادة تجيز لها تعلّم التزيين النسائي الذي كانت تتطلع إلى اكتسابه في لبنان، وجد والدها أن الأمر غير ضروري، وافتتح عوض ذلك صالوناً ألزمها العمل فيه طوال الصيف. كان المكان مظلماً ورثّاً ومفتقراً إلى التهوئة،

لكنها صبرت وثابرت ضنّاً بحلمها الخاص في فتح صالون التزيين النسائي الخاص بها.

لدى عودتها إلى السويد وانخراطها مجدداً في المجتمع، اتضح للورا أنها نسيت الكثير من اللغة السويدية التي كانت تجيدها. فاتصلت بصديقة قديمة علّها تساعدها على ارتياد المدرسة من جديد. أمنت الصديقة التواصل بين لورا والمديرة التي أثنت على عودتها قبل بلوغها الثامنة عشر، لأنها لو لم تفعل لكانت أضاعت عليها الفرصة. وفي شهر آب/أغسطس فتحت المدرسة أبوابها، ودخلت لورا الصف التاسع، حيث واظبت على الدراسة كالمجنونة بكل جِدّ إلى أن نجحت ودخلت المدرسة المهنية للتزيين النسائي حيث تابعت تحصيلها العلمي لثلاث سنوات، وحازت لها على وظيفة في صالون معروف.

العودة إلى المربّع الأول

خلال تلك الحِقبة من الجِدّ والمثابرة على الأمل بغد أفضل تنال فيه لورا استقلاليتها من خلال عملها الخاص، عادت الأمور إلى ما كانت عليه سابقاً، كما لو أن الإطراء الذي أغدق به أهلها عليها كان صيفاً ومضى. إذ استعادا عاداتهما القديمة بضربها وإمطارها بوابل من الشتائم وإلزامها بالعودة إلى المنزل ما أن ينتهي اليوم الدراسي، وبعدم مرافقة صديقاتها في النزهات اللاتي إن أردن اللقاء بها، وجب عليهن قصدها في المنزل، هذا المنزل الذي فرضا عليها العودة إليه قبيل حلول المساء. وبالإضافة إلى كل هذه المضايقات، كان عليها أن تساعد والدتها

للنهوض بالأعباء المنزلية. لذا، كان ما تعيشه لورا عودةً إلى المربّع الأول. قررت إذ ذاك الانتقال للعيش في مكان آخر. وسرعان ما استجدت حال جديدة جعلتها تتمسك بقرارها إذ حَلَّ كل من شقيقتها الكبرى وزوجها في السويد، واستقرا في المنزل المؤلف من غرفتين لا غير والذي عَجّ بتسعة أشخاص، ما جعل الأجواء فيه ضوضائية. وبعودة شقيقتها وزوجها إلى لبنان، أفصحت لورا لوالديها عن رغبتها في الحصول على غرفة خاصة بها، وهذا حلم كان يراودها مذ كان عمرها ثمانية عشر عاماً ولم تستطع إلى تحقيقه سبيلاً إلا في الثالثة والعشرين، علماً أنها كانت تهدّد دوماً بترك المنزل. أتى والداها بالحلّ يوم قررا الانتقال للسكن في شقة أوسع، لكنهما اشترطا عليها أن تساهم في تغطية المصاريف وإعانة والدها على النهوض بأعباء العائلة، وهما لا يزالان حتى اليوم يحمّلانها مسؤولية حيازتهم هذه الشقة الواسعة الباهظة التكاليف. وبالعودة إلى التهديد بمغادرة المنزل، فلا بدّ من القول إنها لم تضعه يوماً حيّز التنفيذ لشدّة خوفها من أن يقوم والدها بقتلها إن هي فعلت. ولا يزال هذا الخوف يقِضّ مضجعها حتى اليوم. تقول لورا:

‑ قال لي والدي إنني لن أتمكن أبداً من الانتقال للعيش في مسكن خاص، أياً كان عمري. وبما أنني أعيش في كنفه ولم أتزوج بعد، وجب عليّ طاعته بلا نقاش. فأنا ملك له، ولا أعني له أكثر من خرقة مطروحة أمام الباب، يدوس عليها ذهاباً وإياباً. وسواء بلغت الثلاثين أو الأربعين من العمر وكنت لا أزال عزباء، فإن من حقّه أن يركلني.

في إحدى المرات قمت بزيارة صديقة كانت عائلتي على علاقة طيبة بها. شعرت يومها بأنني أوشك على الانهيار، وبأنني بأمسّ الحاجة لمن أحكي له معاناتي. كانت هذه الصديقة غالية على قلبي، فهي كانت على بيّنة مما كنت أعانيه، وحاضرة في أي وقت للإصغاء إليّ والتهدئة من روعي. في تلك الليلة، جلسنا نتبادل أطراف الحديث في منزلها، ولم أنتبه إلى أن الساعة تجاوزت منتصف الليل. فإذ بوالدي يتصل مرتين أو ثلاث، قائلاً لي: «لا بدَّ لك من العودة إلى المنزل لأن السيدة التي تجالسينها بحاجة إلى الراحة». كنت غاية في الارتباك والحزن، فاقترحت مضيفتي، وقد كانت صديقة لأمي، بالبقاء قليلاً بعد بمعيّتها حتى أستعيد روعي. وفي طريق عودتي إلى المنزل، اتصل بي والدي مرة جديدة صارخاً بي: «يا ساقطة عودي إلى المنزل لكي أقتلك». أجبته أنني لست خائفة منه، فإذا بجوابي يستثير غضبه أكثر. عندما وصلت المنزل، اندفع باتجاهي، صارخاً، باصقاً في وجهي وراح يدفعني باتجاه غرفتي. طلبت منه أن يدعني وشأني فأنا لم أقترف أي ذنب أعاتب عليه، لكنه لم يقتنع بل قال لي: «لم تكوني في ضيافة تلك المرأة بل كنت برفقة شاب. لست إلا عاهرة لعينة». قال والدي ذلك مع علمه اليقين بأن كلامي ما كان ادعاء بل حقيقة، لأنه في واحد من الاتصالات الهاتفية تحدّث إلى السيدة التي طمأنته إلى أنني بمعيّتها وبأنني سأعود إلى المنزل. أظنه صبَّ عليّ اتهامه هذا لأنني وقفت في وجهه ولم أرتعد خوفاً منه. وعندما حاول ضربي، أمسكت بمعصمه

بقوة قائلة له: «أنا لست خائفة منك؛ دعني وشأني». فإذا به، ولتفادي الظهور بمظهر المغلوب على أمره، يسارع إلى المطبخ ويحمل منه سكيناً، ويعود إليّ مشهراً سلاحه هذا في وجهي: «سأقتلك يا ساقطة!». لم أتحرك ولم أبحث لي عن حماية مع أنه طويل القامة عريض المِنكَبَيْن، بل وقفت أنظر إليه بلا وجل أو خجل، ثم قلت: «اقتلني. فإن قتلتني حرَّرْتني من رؤيتك والعيش في كنفك». عندها استفاق إخوتي الأصغر مني سناً، وكذا والدتي التي سارعت إلى أخذ السكين من يده فيما أمسك به أخي من الخلف. اصطبغ وجه والدي بالحمرة، ولم يجد أفضل من الزمجرة والصراخ وإمطاري بالسباب واللعنات.

لم يكن ما حصل تلك الليلة أمراً استثنائياً، بل كان متكرراً لدرجة اضطر معها الجيران إلى مهاتفة مركز الشرطة. لكن العناصر الذين لبّوا النداء أكثر من مرة لم يفعلوا شيئاً بل اكتفوا بكتابة تقرير ورد فيه أن العائلة أنكرت الأصوات والضجيج وأن الوالدين زعما أن عائلتهما بأحسن حال. تكررت زيارات الشرطة والتقارير؛ وفي كل مرة حضر عناصر جدد سجّلوا محضراً يتضمن الإنكار عينه والزعم نفسه. وبين المحضر والآخر، فترة زمنية تراوحت بين أربعة وستة أشهر.

خلال هذه الفترة، فكرت لورا كثيراً بكل ما يجري وبالطريقة التي لا بدّ لها من إيجادها لمغادرة المنزل. كانت تعلم جيداً أن والدها يريد السيطرة عليها وأنه لن يجيز لها بالانتقال للعيش في مسكن آخر، وهو

ما أدركه أخوها الذي كان في كلِ مرة يسمعها تفصح عن إرادتها تلك، يضحك ساخراً، غير مصدّق نيّتها في البحث لها عن شقة تسكنها بمفردها. تقول لورا:

– كان والدي يقول دائماً إننا، وإن كنا نعيش في السويد، لسنا سويديين ولا بد لنا من احترام ثقافتنا والعمل بموجب عاداتنا وتقاليدنا التي تقتضي مني ألا أغادر المنزل إلا إلى منزل زوجي. أذكر يومها أنني قلت له: «بما أن الأمر كذلك، فإنني لن أتزوج البتّة». ردّ قائلاً: «ستفعلين بالتأكيد!» شرحت له أنه لا بدّ لي من أن ألملم نفسي أولاً بعد كل ما عشته من صعوبات، وأنني لن أتزوج بمن يشبهه.

في تموز/ يوليو، وجدت لورا لها شقّة تشغلها، فراحت تنقل أغراضها تدريجاً إليها. بل إنها استعملت سيارة والدها مرتين أو ثلاث، بلا أن تثير انتباه أي من أفراد العائلة. وعندما فرغت من ترتيب أمورها، أرادت أن تخبرهم بقرارها لكنها لم تعرف كيف. لم تشأ أن تغادر المنزل بلا أن تعلمهم وأن تودعهم كما ينبغي. لذا، فضلت الصبر على الأمر بانتظار الوقت المناسب. وفي يوم سبت، وبينما كانت في طريقها إلى العمل اكتشفوا مخطّطتها، فغضبوا لكنها لم تولِ غضبهم أي اهتمام. وعندما عادت في المساء وجدتهم وقد هدّأوا من روعهم.

المرأة

لم يتطرّق أي من أفراد عائلة لورا يوماً إلى موضوع المرأة عموماً

والجنسانية خصوصاً. فالأمر محظور، ولا يجوز للعلاقات الجنسية أن تتخذ لها مكاناً إلا في إطار الزوجية. لكن في نظر لورا، كان الحظر مفروضاً على النساء فقط لا غير. تقول لورا:

- كنت أُصدم في كل مرة يجاز فيها لأخي بالغياب عن المنزل شهراً كاملاً خلال فصل الصيف. فهو باستطاعته السفر حيث يشاء مع أنه لا يملك الكثير من المال. أما أنا، فلدي المال ولقد حاولت مراراً أن أرتّب لي رحلة، كأن أسافر إلى مصر مثلاً، لكنني لم أستطع. لعل هذا الحلم يتحقق اليوم وقد صارت لي شقتي الخاصة وعملي الخاص. آه كم أرغب بالسفر والتسلية والسباحة والتَّبَرْنُز! لم يطرح سفر أخي أية مشكلة في بيتنا يوماً؛ أما الفتيات أو الشابات فَمُلْزَمات بالبقاء في المنزل. في إحدى المرات، غاب أخي أسبوعين عن المنزل، ولما سأله والدي العودة عاد. ثم ما لبث أن سأله ضاحكاً أمام بعض من أصدقائه: «أينبغي علينا أن نصطحبك إلى المشفى ونخضعك لفحص طبّي؟». تناهى السؤال المقيت إلى مسمعي، فوددت لو أواجه والدي أمام زواره وأسأله قصده من سؤاله هذا.

عندما نتطرق إلى موضوع الإسلام، تقول لورا إنها فخورة بإسلامها، لكنها لا تفهمه ولا ترتضي التفسيرات التي يفتي بها أصحاب اللِّحى، بل تودّ لو أنها تقرأه بنفسها وتكوّن فهمها الخاص لآياته فتستنبط منها القيم وتسيّر حياتها بموجبها عن قناعة بالضرورات والمحظورات.

رؤية في المستقبل

لا تستبعد لورا فكرة أن تتزوج يوماً وأن تكوّن لها عائلة في المستقبل. وهي تعرف منذ اليوم كيف تنشأ أولادها الذين ستغدق عليهم بالمحبة الجيّاشة قبل أي شيء آخر، أي الكثير من القبل والاحتضان. لكن ذلك لا يعني بالنسبة إليها أن تفرِط في دلالهم فتعطيهم كل ما يطلبون، بل إنها تعتقد أن عليهم أن يجاهدوا بحيث يصبحون أناساً أفاضل. غير أن الاجتهاد الذي تنوي تربيتهم عليه لن يكون شبيهاً بذاك الذي كابدته في طفولتها ومراهقتها وسني شبابها الأولى، بل سيأخذ له طرقاً مختلفة تماماً. لا شكّ في أن حياتهم ستكون أفضل من حياتها، وهي ستعلّمهم كيف يتشاركون والآخرين ما يملكون ويعرفون وكيف يحبّون الآخر ويظهرون له الاحترام. لذا، فهي ستكون دائماً في جانبهم، تحدّثهم وتصغي إلى ما يقولون وتناقشهم مستعينة بالحجّة والدليل ومحاولةً إقناعهم لا قمعهم وتحقيرهم. واختصار الكلام فهي ستعطى أطفالها كل ما حرمها والداها منه.

حياة لورا اليوم

تشعر لورا اليوم بأنها أضحت أفضل حالاً. فعلى الرغم من كل الصعوبات التي عانتها أو ربما بسبب من هذه الصعوبات، صارت لورا أقوى شكيمة وأكثر افتخاراً بنفسها وحبّاً لذاتها، علماً أن ذلك لا يعني تمسّكها بأناها بل العناية بها. وهي اليوم تدرك أنها تستطيع أن تعيش أحلامها، فلا شيء مستحيل في نظرها ما دام صاحب الأحلام يبذُل

الجهد ويصرِف الوقت لتحقيقها. كما أن مرارة الأيام التي كابدتها لم تجعل منها إنسانة تضمر الشرّ أو الكراهية للغير، بل غذّت فيها الروح التشاركية والتعاضدية. وإن كان للورا من مأخذ على نفسها، فهو لطفها المفرِط الذي يعميها عن نيّة الآخرين باستغلال طيبتها واندفاعها، وهو ما يجعلها لا تقدّر نفسها حقّ قدرها. لذا، فهي عازمة على تطوير نفسها بحيث تصبح أكثر احتراساً في تعاملها مع الآخرين، فلا تسمح لعاطفتها بجرفها بعيداً عن العقلانية التي ينبغي أن تأتمر بها كل أفعالها وأقوالها ومشاعرها.

تعيش لورا اليوم في شقّة مؤثّثة بشكل أنيق ترتاح له العين والروح، وتتولى بنشاط إدارة عملها الخاص. وهي لم تقطع علاقاتها بأهلها بل إنها لا تزال على تواصل معهم لا يخلو من بعض المشادات التي ترتضي الدخول فيها عندما يتعلق الأمر بإقناعهم بضرورة قبول استقلالها عنهم وتفهّمه. وهي اليوم تغذّي الحلم بأشياء جديدة تفعلها كأن تسافر مثلاً بالإضافة إلى الاضطلاع بنشاطات أخرى.

صحيح أنها تشعر بالوحدة عندما تعود إلى شقتها فلا تجد فيها من ينتظرها، وهو ما لم تختبره سابقاً، لكنها تحاول الاعتياد على الأمر وهي تشعر بالتحسّن يوماً بعد يوم. ولعل الجدّ الذي تبذله في العمل هو ما يحملها على الشعور بالسعادة لدى عودتها إلى منزلها الذي كافحت للحصول عليه، وحيث يمكنها أن تفعل ما يريحها ويعطيها الطاقة للاستمرار. لقد قطعت لورا شوطاً كبيراً وهي فخورة بما

حقَّقته، وبحريتها المكتسبة حقاً والتي تعني بالنسبة إليها القدرة على تحقيق أحلامها.

تفكر لورا من وقت إلى آخر بمن سيكون شريك حياتها. أتراه يكون عربياً ومسلماً أم غربياً؟ لم تقرر بعد، وهي تترك للأقدار حسن القرار، إذ ما عادت تخشى الغد كما كانت حالها قبلاً، لأنها، ومن بين كل فتيات جيلها اللاتي عرفتهن، تبقى الوحيدة التي ناضلت وعانت وقدِرت على أن تبنيَ لها حياة مستقلّة، محرَّرة من العنف والإذلال، في بيت بنَّته بنفسها. لكن إن كانت فخورة بإنجازاتها، فإن لورا تعلم جيداً أن الغيارى منها كُثُر. تقول لورا:

- ما عادت الحياة تبدو لي صعبة، فأنا ناضلت لأجل حريتي ونجحت. لكني غالباً ما أسأل نفسي: «هل ستلزمني الحياة يا ترى بحروب أخرى بعد؟». يوم غادرت المنزل، رضخ والدي للأمر لكنه نبّهني إلى ضرورة العناية بنفسي والحفاظ عليها كما الحفاظ على ما أنا عليه، أي الأصول والثقافة والدين والتقاليد. لذا، تراني أبذل جهداً لأكون عند حسن ظنّه بي فأثبت له أنني جديرة بثقته وثقة أمي وإخوتي. لا تزال بعض كلماتهم تؤرقني، فتدفعني إلى تحمّل مسؤولية نفسي، فلا يضطرون إلى القلق عليّ أو التحفّظ على سلوكياتي. بل إنني أريدهم أن يقولوا لي يوماً: «كم نحن فخورون بك، لأنك قادرة على الحفاظ على نفسك وتطويرها بحيث ترتقين بها إلى الأفضل!». إن رأيهم هذا سيكون بالنسبة لي مَجْلَباً للسعادة، وهي سعادة لا يمكن لشابة

سويدية أن تشعر بها مثلي، علماً أن الحرية لا تعني في نظري بناء علاقات مع الشبان، ولا العيش بانزواء، بل انفتاحاً عقلانياً مدروساً وحرية مسؤولة، فأنا لا أزال ابنة بيئتي.

سويدية أن تشعر بها مثلي، علماً أن الحرية لا تعني في نظري بناء علاقات مع الشبان، ولا العيش بانزواء، بل انفتاحاً عقلانياً مدروساً وحرية مسؤولة، فأنا لا أزال ابنة بيئتي.

قصة مريم: الحياة في عالمين متناقضين

انتقلت عائلة مريم من لبنان إلى السويد هرباً من الحرب والفاقة. في تلك الحِقبة، كانت مريم في سنّها الثانية. أما شقيقاتها وأشقاؤها الأصغر منها سِنّاً فلقد ولدوا جميعهم في السويد، ولم يعرفوا لبنان الذي لا يزال مقرّ إقامة أقارب عائلتها.

تذكر مريم جيداً طفولتها، أقلّه بين سِنّ الخامسة والتاسعة. كانت عائلتها تعيش في منزل قائم وسط المدينة حيث كان لها عدد غفير من الأصدقاء السويديين. وهي لا تزال تذكر تلك الحفلات التي كانت العائلات تقيمها متيحةً للأولاد اللعب حتى ساعة متأخرة من الليل. تقول مريم:

- كانت طفولتي سعيدة نوعاً ما وكان والداي يهتمان بنا، فهما كانا يعرفان كيفية تدبّر شؤون الأولاد، غير أن الأمور ما لبثت أن خرجت عن السيطرة. عندما كنا لا نزال صغاراً، انصرف والداي إلى تعلّم السويدية والحصول على عمل يسترزقان به. في تلك الحِقبة، كان همّهما الوحيد التمثّل بالسويديين بحيث يسهل عليهما الانخراط في المجتمع السويدي، وهما ما كانا يميّزان بين الفتيان والفتيات. فعلى سبيل المثال، كان يجاز لي كما

لأخي الصغير أن نلعب مع الجميع خارج البيت، بلا أي اعتبار للنوع. ولم يكن هذا الأمر ليثير قلقهما، ربما لأننا كنا نحسن التصرف امتثالاً لما أَنْشَئَنَا عليه، أو ربما- وفي نظري هذا هو السبب- لأن والدينا كانا ألطف معنا في صغرنا.

سنوات الحضانة

التحقت مريم أولاً بمجموعة أطفال لا تتجاوز أعمارهم ستة أعوام وكانوا جميعهم يرتادون مركزاً للتسلية. لم يكن لديها في تلك الحِقبة صديقة مفضلة أو صديقاً مميزاً، بل إنها كانت تلعب وتلهو مع أي طفل من المجموعة. مع ذلك، كانت مريم تفضل الوحدة على الصُّحْبَة. تقول مريم:

- ما أزال أذكر يوم حلَّت عائلة عراقية للإقامة في جوارنا. كان لها ولد وبنت كانت في سنّي ولا تستطيع مع ذلك لفظ كلمة «كوريدور» (رواق: corridor) جيداً، بل تقول «كوريدوو» (Corido). وعندما انتقلنا إلى المدرسة الابتدائية، كانت هذه الفتاة العراقية في عداد تلامذة الصف، وكانت تعتمر حجاباً، وهو ما أثار استغرابنا للغاية وبخاصة أنها كانت الوحيدة بهذا الزّي. كان رفاق الصفّ يظنونها غبيّة ويثقلون عليها بتنمّرهم، ما أوجب عليّ التصدي لهم وحمايتها. لم يكن للأمر أية علاقة باللغة، لكنني أدركت حينها أن التكبّر والتنمّر لا يجوزان مع من كان مختلفاً شكلاً أو مَلْبساً أو ثقافة.

عندما حلّت العائلة العراقية في جوارهم، تنبّه أهل مريم إلى ضرورة عدم التخلّي عن جذورهم. وفي الحِقبة عينها تقريباً، راح المهاجرون القادمون إلى السويد من ألبانيا وصربيا يتكاثرون، فآثر والدا مريم صحبتهم على صحبة السويديين. كانت والدة مريم تعمل كحاضنة بدوام كامل في مدرسة التربية الحضانية، فيما كان والدها هو الآخر بدوام كامل كمترجم، سرعان ما وجد له عملاً رديفاً تمثل في تحضير الطعام في أحد المقاصف.

عندما بلغت مريم الحادية عشرة من عمرها، كان والداها قد بدآ بإقصاء نفسيهما عن كل أصدقائهما السويديين. تقول مريم:

– في العادة، أصف هذه الحِقبة بحقبة إسدال الستائر ومتابعة برامج القنوات العربية. لم يشأ والداي أن نتبنى، نحن الأولاد، الثقافة السويدية، بل أن نتعلم كل ما يتعلّق بجذورنا. وسرعان ما غيّر والدنا مقر إقامتنا لاقتناعه بأن كل الجيران كانوا مدمنين على احتساء الكحول، مع أنه، وقبل سنوات قليلة خلت، كان واحداً منهم.

راح الاسوداد يستوطن المنزل، وما عادت العائلة تستقبل أحداً، قاصرة نشاطها على العمل الوظيفي للأهل والعمل المدرسي للأولاد، والخروج إلى المخازن الكبرى للتبضّع. ولم يطل الأمر بالوالدَيْن حتى بدآ بالتمييز بين الذكور والإناث من أولادهم. تقول مريم:

– لم يكن يجاز لي البتّة مرافقة الفتيان. لذا، عندما كان أترابي

يقصدون الشاطئ أو النادي للسباحة، كنت أُلزَم بالبقاء في البيت. كما أنهم كانوا يرتادون منزل رفيق لنا وصل حديثاً من سريلانكا، لمشاهدة الأفلام البوليودية وغيرها، لكنني كنت أحرَم من مرافقتهم، لأن والداه المرموقان ثقافة كانا يتماثلان بالسويديين، ولهما وظائف تدُرُّ عليهما مالاً يضمن لعائلتها الاستقرار في المجتمع السويدي.

لم يكن يجاز لمريم باللقاء برفاقها إلا في فناء المنزل وبحضور أمها التي كانت تراقب كل تصرفاتها من نافذة المطبخ. تقول مريم:

- لم يكن يجاز لي اللقاء بأصدقائي خلف السور المحيط بمنزلنا، وإن فعلت استدعيت على عجل إلى الداخل. كما لم يكن يجاز لي بالخروج خلال عطلة نهاية الأسبوع، إن لم أنجز أولاً كل الأعمال المنزلية المشتملة على شفط الغبار وغسل البلاط والأواني وترتيب الغرف كافة. وعندما كنت أنجز كل الأعمال بحلول الساعة الثانية عشرة ظهراً أو الواحدة من بعد الظهر، وأهمّ بالخروج، يدعي أحد والديّ أن لديه ما يفعله في الخارج، فأقبع في المنزل أنتظر عودته، وأخسر فرصة اللهو مع أصدقائي.

كل هذا أدّى بمريم إلى الانزواء؛ وحتى عندما تكون برفقة أهلها، كانت تشعر بالوحدة تقبِض على خناقها. تقول:

- كنت أشعر بالغضب وأعبِّر عنه صراحة. لكن كلما اعترضت كلما طالت فترة احتجازي. لذا، كان أسهل عليّ، وإن على

مضض، أن أبتلع غضبي وأصرف طاقتي في تنظيف المنزل بانتظار أن يمنّ عليّ أحدهما بالإذن بالخروج.

تعنيف الأطفال

بدأ العقاب المنزَل بالأولاد يتّخذ له شكلاً عُنْفِياً عندما انتقلت العائلة إلى الجوار الجديد، حيث تقيم العائلة العراقية، وقد كانت يومها مريم قد بلغت الثانية عشرة من عمرها. تقول:

– أذكر أنني كنت أحبّ فتى اسمه سفنته حبّاً جمّاً. كنت في الصف السابع أو الثامن عندما بدأت أدخن السجائر وهو ما كان يفعله كذلك. فصرت أنشل علب السجائر خلسة عن أهلي وأعطيها له. وفي إحدى المرات تبادلنا صوراً فوتوغرافية كانت توزع علينا في المدرسة وتشبه البطاقات البريدية، فوصلتني منه رسالة حبّ صغيرة فرحت بها وخبأتها في محفظتي التي دَسَسْتُها بين ملابسي. غير أن شقيقتي الصغيرة وجدتها ونثرت البطاقات على الأرض لاهيةً بها. وجد والداي الرسالة، واكتشفا كل شيء.

عندما عدت إلى المنزل كان والداي بانتظاري، فطلبا مني الاختلاء بي في غرفة نومنا. كان والدي يحمل حزامه. حشرني في زاوية الغرفة بحيث يتمكن مني، وانهال عليّ بإبزيمة الحزام ضرباً حتى نال منه التعب. ثم دفع بي فوق السرير بمساعدة أمي التي ربطت رجليَّ بحبل، وقام أبي بضربي على قفاهما ضرباً

مبرحاً بحيث أدمى قدميّ وعجزت عن ارتياد المدرسة لمدة أسبوع. أما أسوأ ما عشته في ذلك اليوم هو أنها استدعيا إخوتي وأخواتي إلى الغرفة لكي يشهدوا عقابي فيقوم لهم مقام التحذير من عقاب مماثل إن أتوا بما لا يرتضيه والداي. ولا تزال هذه الذكرى ماثلة في خاطري حتى اليوم.

لم تكن تلك المرة الأولى التي يضرب فيها والدا مريم أولادهما. في بعض الأحيان، كانت والدتها تضربهم بالمِغْرَفَة الحديدية أو الخشبية أو بآنِيَة مطبخية أخرى، وذلك ما أن يتبادر إلى ذهنها الشكّ بأن واحدهم أو واحدتهم يأتي بعمل أو تصرّف غير مرغوب. تقول مريم:

– إن أسوأ ما أذكره من تلك الأيام هو عندما كنت أضرب حتى لا أعود أقوى على التنفس. كان أبي يأمرني بالوقوف أمامه فاتحة يديّ التي كان ينهال على راحتَيْها بالمِسْطَرَة. كنت أحسّ بالألم يصعقني ويلهب جسدي والدموع تنهمر من عينيّ بغير إرادة مني. وكما لو أن الجولة الأولى ما كانت كافية، كان يستدعيني بعيدها ويخضعني للعقاب نفسه، إلى أن أعتذر عما فعلت، علماً أنني في غالب الأحيان ما كنت أعرف أي سوء ارتكبته لأنال عليه هذا العقاب القاسي والمؤلم.

دور الأم في تعنيف أولادها

تقول مريم:

– أمي هي هي. كانت على الدوام تشجّع والدي على ضربنا،

وعلى ضربي خصوصاً، أمام أعين إخوتي وأخواتي لأقوم لهم مقام المثال الذي لا بدّ لهم من اجتنابه إن أرادوا اجتناب العنف.

لم تكره مريم والديها يوماً. كانت تظن أن حالها شبيهة بحال غيرها وأن ما يحدث في عائلتها أمر طبيعي لا يشوبه أي خلل أو سوء. كانت تعتقد أنها إن أطاعت والديها بخنوع أقلعا عن عادتهما بتعنيفها، وأنهما على حقّ فيما يفعلانه.

الاعتداء الجنسي

تذكر مريم أنها يوم بلغت السابعة من عمرها، في صيف أحد الأعوام، قامت العائلة بزيارة الراهبات اللواتي قدّمن لها المأوى إبّان وصولها إلى السويد، إذ كانت الراهبات تأوي المهاجرين واللاجئين بانتظار أن يسَوّوا أوضاعهم القانونية ويحصلوا لهم على إقامة. ومن بين المهاجرين الذين كانت الراهبات تأويهن في الدير ذلك الصيف، شاب عراقي في العقد الثاني من عمره. تقول مريم:

– هاجمني واعتدى عليّ اغتصاباً. ثم راح يهددني بأن والداي سيقتلانني إن هما اكتشفا أنني فقدت عذريتي. عرفت، وبطريقة فطرية، أنني لن أستطيع إعلام أحد بما جرى لي، علماً أنني ما كنت أفهم حقيقة ما تعرّضت له.

أذكر من ذلك اليوم أنني وقعت على السلّم في الدير عندما خرجت من الغرفة حيث تعرضت للاغتصاب، وذلك بعد أن قام الرجل بغسلي وإلباسي ثياباً نظيفة أتى بها من الغرفة التي كنا

نقيم فيها في الدير. ثم في كل مرة كان يلتقيني كان يقول لي إنني حبيبته، وإننا ثنائي، وإن عليّ أن أقبّله، عندما يكون الآخرون في غفلة عنا. وأذكر أنه قال لي إنني أنا السبب فيما حصل لي، لأنني مغرية؛ وبالتالي فإنني شجّعته على ما فعل.

مرت الأيام، ولما وصلت المدرسة التكميلية، تابعت كرفاقي درساً في التربية الجنسية والمساكنة. شرحت لنا المعلمة أنه يستحيل على المرء ممارسة الجنس مع أي كان غصباً عنه، وأنه لا يجوز للأولاد دخولهم في علاقات حميمة إلا متى بلغوا الخامسة عشر من العمر وما فوق، وإلا عاقبهم القانون. وفي سياق الحديث، شدّدت على أنه ممنوع على الأهل قانوناً ضرب أولادهم. عندها، وعلى نحو ما كنت أتوقعه، تنبّهت فجأة إلى أن الأمور في عائلتي كانت منافِيَة للسَّواء.

رؤية الأهل في الأولاد والتمييز الجَنْدَري

تعتقد مريم أن الأهل لا ينجبون الأولاد إلا لكي يلبّوا لهم حاجاتهم. إذ ينبغي على الفتاة الاضطلاع بالأعمال المنزلية وعلى الفتى المثابرة على تحصيله العلمي وكسب الرزق عندما يكبر وإعالة والديه. وبناء عليه، لم يضطر أخوها يوماً للإتيان بأي عمل في البيت، في حين فرض على أختها الصغيرة البدء بتنظيف المنزل ما أن أجاز لها عمرها بذلك. تقول مريم:

ـ كان علينا أن نرتّب سرير أخي ولملمة أغراضه وتنظيف غرفته.

لم نكن نعترض على الأمر لاعتقادنا بأنه طبيعي. التزمت آختي بهذه التعليمات طيلة حياتها، وهي اليوم عندما تذهب لزيارة أهلي، تقوم بتنظيف المنزل. أما أنا فلا أنظف منزلي إلا من وقت إلى آخر.

التقى أخي بفتاة أراد أن يتزوجها لكي يستطيع الخروج معها. لم يعترض والداي على الأمر. لكن عندما أراد المجيء بها إلى منزلنا لتمضي ليلتها فيه، قابلاه بالرفض. وجد والدي الحلّ الذي تمثل في مهاتفة إمام، قرأ نصاً على مَسْمَع الموجودين عبر الهاتف، فأصبح أخي وفتاته في مصاف المتزوجين، وهو ما ارتضاه والداي.

غياب الشبكة العائلية

ليس لعائلة مريم أية علاقات اجتماعية في السويد ولا حتى علاقات عائلية لأن كل الأقارب يقيمون في لبنان. لأمها ستة أشقاء وشقيقات، مات منهم اثنان، ولوالدها ستة أشقاء وشقيقات يقيمون في شارع واحد في بيروت، لكنه على خلاف معهم جميعاً.

النظرة إلى المرأة

تربّت مريم على مبدأ مفاده أن الاضطلاع بالأعمال المنزلية منوط بالمرأة دون غيرها؛ إذ يتوجب عليها أن تعِدّ الطعام، وتعنى بالغسيل والتنظيف. ولا ينبغي للمرأة الكلام إلا إن سئلت، كما عليها أن تقبع

في المكان المرصود لها فلا تغادره إلا أن طُلب منها أن تفعل شيئاً محدداً. أما عندما تجتمع النساء فيما بينهن، فإن الأمور تختلف كلياً، إذ يصرفن الوقت في التحدث عن أزواجهن، ولا يجدن أي حرج في التلفّظ بالبذيء من الكلام؛ كما أنهن يَعْرِضْنَ لبعضهن البعض كيفية توليهن شؤون بيوتهن. ولقد لاحظت مريم لدى حضورها مثل هذه اللقاءات التي تجمع نساء العائلات المهاجرة، أنهن لا يعترفن إلا نادراً بدورهن في إدارة شؤون العائلة بيد من حديد، ولا كيف تقوم واحدتهن بالتلاعب بزوجها بحيث ينفّذ لها ما تبتغيه. تقول مريم:

- كانت أمي تعرف تماماً كيف تتصرف لتدخل أبي في المِزاج الذي تريده. فإن أرادت منه معاقبتنا، عرفت ما تقول. ولم تفشِ يوماً أيّ سِرّ متعلق بعائلتنا بحيث تحافظ على ثقة أبي بها. لكنها كانت تلمّح له بما تريده أن يفعل، كأن توحي له بأنني أسأت التصرف، فيجن جنونه ويهبّ لتعنيفي. ثم وبكبسة زِرّ، تعيده إلى هدوءه، كأن تقول له: «لا تجزع! اجلس. أنا أتدبّر الأمر!». من بين كل النساء اللاتي عرفتهن بين المهاجرات، كانت أمي الوحيدة التي تعرف دائماً أي زرّ تضغط عليه ليرضخ أبي لرغباتها. دائماً!

لم يحصل يوماً أن اختلف والد ووالدة مريم. فهما يعملان معاً ولا خصام أو عنف يفرِّق بينهما.

البلوغ

عرفت مريم حيضها الأول مبكراً، وقد كانت في الحادية عشرة من

العمر. تقول:

– لاحظت لوناً بنيّاً يلطخ سروالي، وذلك طوال ثلاثة أيام. لم أفهم ما يصيبني. أعلمت أمي بالأمر، فأعطتني فوطة صحية وعلمتني كيفية استخدامها ثم راحت تبكي بصمت. استغربت وظننت أن بيَ مرض خطير. لم أفهم إلا لاحقاً أنني اجتزت سنّ البلوغ وأن الحيض دلالة على أنني أصبحت امرأة.

التعاطي مع الآخر

كانت الأيام تمرّ على مريم وشقيقاتها رتيبة مملّة. كانت والدتها توقظها في الصباح الباكر للذهاب إلى المدرسة ولم يكن يجاز لها أبداً بتناول طعام الفطور. تقول:

– أعلم أهلي المسؤولين في المدرسة أننا ممنوعين من أكل لحم الخنزير. كنا آنذاك الوحيدين الممتنعين عن هذا النوع من اللحوم، وقد كانت فرادتنا مجلباً لإحراجنا؛ إذ يكفي للمهاجر أن يحيد قِيْد أنملة عن المعمول به في البلد المضيف حتى يشعر بأنه يسيء التصرف. شعرت وقتها بوحدة قاتلة.

كان مَلبس مريم محتشماً للغاية إذ لم يكن يجاز لها بارتداء فستان إلا إن غطّى ركبتيها، وبارتداء قميص إلا إن ستر رقبتها وذراعيها، وهذا ما كان يجعلها هدفاً لتنمّر تلامذة المدرسة.

التنمّر

كانت الحِقبة التي أمضتها مريم في المدرسة بالغة التعقيد يسودها التنمّر بسبب ملبسها الذي كان يجرّ عليها المضايقات من كل شكل ولون، علماً أن معظم التلامذة كانوا يجدونها غريبة الأطوار مثيرة للفضول والتساؤلات. لكنها تمكنت أخيراً من بناء صداقة مع إحدى التلميذات السويديات التي اعتادت السرقة من الصبيان المهاجرين في المدرسة. حاولت مريم ثنيها عما تفعله لكنها لم ترتدع. فإذا بها تنجح في استجلاب عدد من الفتيان إلى صفّها، في حين التف العدد الآخر حول مريم.

صارت الخلافات تنمو مشحونة بالتناقضات. وفي يوم، تحلّق الجميع خارج المدرسة ساعة الخروج، وبات العراك وشيكاً وخصوصاً في وجود العديد من أبناء الخؤولة والعمومة والمعارف الذين احتشدوا هم أيضاً تهيئاً للمشاركة فيه. غير أن الشرطة ما لبثت أن وصلت المحلّة، فتفرق الجمع واضطرت المدرسة إلى إقفال أبوابها أسبوعاً.

الطرد من المدرسة

ألقي اللوم فيما حصل على مريم وطردت من المدرسة. وعلى الرغم من وقوف رفيقاتها السويديات في صفّها ودفاعهن عنها أمام مجلس الإدارة، إلا أن ذلك لم يُثنِ الأخير عن طردها فاضطرت إلى الالتحاق بمدرستها القديمة حيث استجرّت إلى الالتحاق بزمرة من الفتيان

المهاجرين. كانت سمعتها قد سبقتها لتؤلب عليها المدرسة، حيث اعتبرها الفتيان قوية العود في حين لم يرَ فيها مجلس الإدارة إلا عنصراً قيادياً سلبياً.

عندما عادت مريم إلى مدرستها القديمة، بدأت باحتساء الكحول من صنع منزلي أي خليط من عدة أنواع مكررة. وعوض حضور الدروس، كانت تقفل على نفسها في دورة المياه وتنصرف لشرب الخمرة. ولا بد من القول إنها في السنة السادسة، أخضعتها المدرسة الجديدة لبرنامج فردي، لكنها لم تفلح فيه. ولما وصلت القسم الثانوي، راحت تدخن الحشيشة، وتحرص على تخدير نفسها خلال اليوم الدراسي قبل العودة إلى المنزل، حيث ما أن تصله حتى تطالبها والدتها بالتنظيف. فكانت تدعي التعب، وقد كان بادياً عليها، للتهرب من المهمة والخلود إلى النوم. وهكذا وجدت لها عذراً يقيها مشقّة الأعمال المنزلية. تقول مريم:

– كانت لي بعض المحادثات مع والدي في شأن ما يقوله الدين في الإدمان على المخدّرات وسألته خلالها كيف يفسُّر إدمانه على تدخين السجائر إن كان يريد الالتزام بالمحاذير الدينية. فإذا به يجيبني إن الدين لا يحظّر التدخين ما دام لا يؤذي الجهاز العصبي وينعكس سلباً على سيكولوجية المرء. وعندما قلت له إن النيكوتين مخدر يحفِّز الجهاز العصبي المركزي ويؤثّر على النفسية، أشاح بوجهه بلا أية مبالاة.

الأكاذيب

كان على مريم أن تختلق القصص لاجتناب المآزق، وتمادت في الكذب حتى ما عادت تميّز الحقّ عن الباطل. إذ سرعان ما انتهى بها الأمر إلى الكذب على الجميع، وليس على أهلها وحسب. كانت تكذب على رفاقها في المدرسة في كل ما تقوله لهم حتى الأمور البسيطة. تقول مريم:

- في يوم من الأيام، طالعتني إحدى رفيقاتي ممن كن ذهبن إلى البحيرة في رحلة نظمتها المدرسة بالسؤال عن السبب في غيابي. فقلت لها إنني كنت برفقة زمرة أرافقها خلال عطلة نهاية الأسبوع. ومذ ذاك، اضطررت للعيش بمعية هذه الكذبة. وفي بداية كل أسبوع مدرسي، كانت تسألني عن سبب غيابي عن النشاط الرياضي أو الرحلة وما شاكل، فكنت أختلق الأكاذيب كي لا أقول لها إنني كنت أقبع وحيدة في المنزل وأتولى أعمال التنظيف وشيئاً من القراءة والتفكير بالمرح الذين كانوا يعيشونه في حين كنت أجتاز أتعس الأوقات. وعندما كانت كذبتي تكتشف كنت أغطيها بكذبة أخرى. كم كذبت في تلك الحِقبة، وأنا ما أزال اليوم أجيد الكذب.

كان الكذب بالنسبة إلى مريم استراتيجية تقيم مما لم تكن لها طاقة على تحمّله. فهي كانت مختلفة عن رفاقها. فلو قالت لهم الحقيقة لكانوا اعتبروها أكثر غرابة مما كانوا يعتقدون ولكانوا تنمّروا عليها أو ابتعدوا

عنها. وبسبب ذلك، لم تعرف مريم يوماً التجربة الأولى المتمثلة بالتعرف إلى فتى يصبح لها صديقاً حميماً. تقول مريم:

– لم يكن باستطاعتي الإفصاح عمّا أعيشه في المنزل لكي لا يحتقرني الآخرون. فلو قلت لهم إنني أضرب كل يوم لكانوا رأوا فيّ ضحية. كما أنني كنت أحجم عن إعلام أهلي بما أعيشه في المدرسة؛ وهكذا عشت حياتين منفصلتين يسوسهما الكذب: الكذب بشأن أهلي ونمط عيشي، والكذب بشأن المدرسة وما كنت أعانيه من مضايقات فيها. تلك كانت حالي: لم أستطع الجمع بين هاتين الحياتين. وخلال العطل الأسبوعية، كنت أقضي الوقت بالتنظيف والقراءة.

مريم تَجِد صوتها

عندما بلغت مريم القسم الثانوي، راحت التناقضات بينها وبين والديها تتنامى، لكن الضرب ما عاد يخيفها. تقول:

– طوال طفولتي ومراهقتي، كنت أسمع والديّ ينعتانني بالوسخة، وأنا لا أزال أسمع هذه الشتيمة كل يوم، وقد أضافا إليها صفة «العاهرة» التي يتمنيان لو يتخلصا منها، بل التي يتمنّيان لو أنها لم تولد. وكانت هاتان الصفتان تُلْصَقَان بي في كل مرة أرفض فيها الإذعان إلى أوامرهما، كأن لا أسارع إلى جلب كأس من الماء أقدمها إلى والدي إن هو طلبها مني.

وفي إحدى المرات تطورت الأمور حدّ وصولي إلى إمساكي

بأكبر سكين وجدتها في المطبخ ووَضعها أمام والدي قائلة: «هيا، اقتلني!».

راحت دموعي تسابق كلماتي: «أنت دائماً تتمنى موتي فإما أن تقتلني الآن وإما أن تكفّ عن إسماعي كلماتك الشنيعة هذه!» اكتفى بالإصغاء إليّ ثم رمى بشوكة كان يحملها في وجهي، قائلاً: «اذهبي إلى غرفتك!» فعلت صافقة الباب خلفي بالمزلاج.

الهروب الأول

هربت مريم المرة الأولى من المنزل يوم كانت في سنّ السادسة عشر وركبت باصاً صادفته كان متوجهاً إلى غوثنبُرْغ. لم تكن تعرف لا إلى أين تذهب ولا لمن تلتجئ. كانت رحلة الباص طويلة وعندما دخل المحطة، بقيت مريم في مكانها إذ لم تكن تملك مالاً تدفعه للسائق. عرف أهلها بالأمر إذ قام من رآها من الجيران تركب الباص بإعلامهم. لذا، عندما وصلت غوثنبرغ وجدت من يربت على كتفها. تقول مريم:

التفت لأرى ابنة أصدقاء والديّ. أركبتني معها وذهبت بي إلى منزلها، حيث أمضيت برفقة عائلتها أسبوعين، أركبتني في ختامهما قطار العودة إلى ذوي. عندما وصلت المنزل، لم يسارع والداي إلى ضربي كما كنت أتوقع، بل راحوا يعملون على ترهيبي.

أبقى والدا مريم على مراقبتها المشدّدة، إذ كان أبوها ينقلها إلى

المدرسة صباحاً ويعود بها في المساء. وعندما جرّدتها أمها من هاتفها الخلوي، اشترت لنفسها واحداً آخر حرصت على استعماله خارج المنزل لا غير. وبما أن المعاملة التعسّفية كانت تزداد عنفاً، ضاقت بها ذرعاً وهربت من منزل ذويها للمرة الثانية.

الهروب الثاني

في المرة الثانية التي هربت فيها، كانت مريم تعرف وجهتها، إذ قصدت غوثنبرغ وأقامت لدى صديقة لبنانية كانت تعيش مع أهلها. باتت في ضيافتهم ليال ثلاث؛ ثم انتقلت إلى مالِمو للقاء فتى كانت قد تعرّفت عليه عبر الإنترنت. وما لبثت أن عادت إلى المخدرات التي كانت هذه المرة أقوى تأثيراً من تلك التي خبرتها قبلاً. كان ثمن المخدرات يسدّد بطريقتين لا ثالث لهما: إما سلعاً، وهذا يعني الدعارة، وإما نقداً من خلال ما تجنيه الفتاة بواسطة هذه الآفة.

لم تحاول مريم الاتصال بدائرة الشؤون الاجتماعية إلا مرة واحدة أخبرت فيها العاملات الاجتماعيات ومن خلالهن السلطات بكل ما كانت تعانيه. تقول مريم:

– أتت ردّة الفعل على قصتي على الشكل التالي: «إنك في السابعة عشر من عمرك ولقد هربت طوعاً من المنزل، لذا فلا تلومي إلا نفسك». لم أحصل، والحالة كانت هذه، على أية مساعدة، لا دعماً مالياً ولا نصيحة كان بإمكان العاملات في دائرة الشؤون الاجتماعية إسدائها لي.

وجدت نفسي إذ ذاك على قارعة الطريق في مالمو. أمضيت الليالي الأولى تحت السلالم في الأبنية التي كنت أتسلل إليها قبيل إقفال أبوابها. بقيت أتسكّع في الشوارع لمدة شهرين، امتهنت خلالهما الدعارة لأتمكن من شراء المخدرات وارتياد الحمامات الشعبية وإلا لما وجدت من يقبل «خدماتي» ويدفع مقابلها. كانت حاجتي إلى المخدرات تزداد ولكي ألبيها كنت أقبل ممارسة الجنس مع أكبر عدد ممكن من الرجال ممن يستطيعون دفع المال، بحيث أتمكن من تسديد ثمنها وإن بعد استهلاكها. لم يكن المكان الذي أبيت فيه ليلتي ليستدعي اهتمامي إذ نادراً ما كنت أفرِّق بين الليل والنهار.

تدخّل دائرة الشؤون الاجتماعية للمساعدة

مرت بضعة أشهر تلقت مريم إثرها اتصالاً من دائرة الشؤون الاجتماعية القائم في المدينة حيث كانت تقيم مع أهلها. وما أن سمع العامل الاجتماعي صوتها حتى أدرك سوء حالها. فتدبر أمر لقائها حيث كانت موجودة. تقول مريم:

– عقب هذا الانتظار انتظرت لساعتين من الوقت لأرى شخصاً يقصدني وينقلني إلى ستوكهولم حيث قام شخص آخر بنقلي إلى مركز مخصّص لتأهيل المدمنين على المخدرات.

وصول الأهل إلى حَلّ

غابت مريم عن ذويها نحو أربعة أشهر، تمكن إثرها والداها

من الحصول على رقم جوالها، وراحوا يهاتفونها. وعدتها أمها بأنهم سيحسنون معاملتها ويجيزون لها بفعل ما تريد. تقول مريم:

- في النهاية استسلمت. تدبّر والداي أمر إقناعي بالعودة إلى المنزل وكنت لا أزال في مركز إعادة التأهيل. كنت أريد فعلاً أن أصدق أنهما تغيرا. فعدت برفقتهما إلى المنزل حيث عشت خمسة أيام سعيدة حقاً، إلى أن وجدت نفسي يوماً أركب طائرة تقصد لبنان. ما أن وصلت إلى بيروت، حتى راح الخطّاب يتتالون طلباً ليدي، ومن بينهم آشوريين أثرياء، وواحد مغربي. لم أفهم ما قاله لي أحدهم، في حين قالت لي والدتي: «اختاري بنفسك من يعجبك منهم». أدركت أن والداي يريدان التخلص مني بأي ثمن. بعد مضي أسبوع التقيت خلاله ستة أو سبعة من الخطّاب، قالوا لي إننا مدعوون إلى حفلة رائعة سيحضرها كل أبناء عمومتي وخؤولتي، وإن الأجواء فيها ستسعدني للغاية.

حفلة الخطبة والزواج

تأنّقت مريم في ملبسها وقصدت الحفلة المعدّة لها في منزل جدّها لأبيها. وما أن وصلت حتى أدركت أن الحفلة كانت بمناسبة خطبتها على واحد من الذين تقدموا لطلب يدها في الأسبوع المنصرم وقد كان حفيد أحد أصدقاء أمها، ذلك أن والدة الشاب تعيش في السويد حيث تمّ ترتيب كل شيء. تقول مريم:

- كان كل شيء معدّاً لخطبتي. وعندما دخلت القاعة، أحنى

الجميع رؤوسهم وشرعوا يقرأون في القرآن الكريم. ثم اتخذ الإمام له مجلساً وشرع بالمباركة. وعندما أنهى الجميع القراءة القرآنية، أخذوني إلى غرفة مجاورة. ثم ما لبث الشاب الذي خُطِبتُ له توّاً أن سحبني من يدي إلى غرفة أخرى؛ كانت أمي تتبعنا. أعطاني خمسة آلاف دولار، فقبضت أمي على المال.

عقب الخطبة، راح الشاب يزور مريم كل يوم ويصطحبها في نزهات ويدعوها إلى المطاعم للغداء أو العشاء. لم تكن كل هذه الدعوات لتفرحها بل إنها كانت تفضل عليها البقاء في المنزل برفقة كتاب. تقول مريم:

- مرّ أسبوعان. في واحد من الصباحات، أتى من أهل البيت من يوقظني طالباً مني تحضير نفسي على عجل: «تذهبين الآن إلى الإمام الذي سيعقد قرانك، فلا تتأخري». كدت أصاب بالجنون، وهممت بالاعتراض لأجد نفسي برفقة شابين يدفعان بي على السلالم ويلزمانني بركوب السيارة. قالا لي بهدوء أنني لو تسببت بأي إشكال، فإن دمائي ستسيل بوفرة، ولن يهتم أحد لمصابي لأن الأمور في لبنان تجري على هذا النحو. لسنا هنا في السويد!

لم تكن بيدي حيلة، فاستسلمت للأمر. استقبلتني عائلة الشاب وقصدنا جميعاً الإمام الذي تمتم بضع كلمات بالعربية لم أفهمها. ثم علمني أحدهم ما ينبغي عليّ قوله بحضور شاهدين، وقّعا هما أيضاً على وثيقة القران أسوة بنا نحن العروسَيْن الجديدين.

لكن عندما طلب مني التوقيع، اعترضت على الأمر قائلة إنني لست عربية وإنني أمتنع عن التوقيع بلغة لا أكتبها. فارتضى الإمام أن أكتب ما طلب مني بالسويدية. ثم، أخذوا بي إلى حفلة، حاول بعدها العريس أن تكون له علاقة حميمة معي، لكنه كان ضعيفاً بقدر ما كنت ضعيفة، فمضت الليلة الأولى على خير.

اضطرت مريم إلى العودة إلى السويد برفقة والديها لتحضير ما يلزم من وثائق رسمية تجيز للعريس للحاق بهم. وما أن وصلوا حتى سارعت أمها إلى تسجيلها لدى السلطات السويدية كامرأة متزوجة.

بلوغ مريم سِنّ الرشاد

في آذار/مارس من ذلك العام، بلغت مريم الثامنة عشرة من عمرها. وراح زوجها يفرض عليها من لبنان ملزمات متتالية، وذلك بعد التشاور مع والدتها عبر الهاتف كل يوم تقريباً، مقرراً ما تفعله وما لا تفعله. ثارت ثائرة مريم التي تقول:

- بما أنني أصبحت امرأة متزوجة، فقد والداي كل سلطة كانت لهما عليّ. لكنهما كانا يتصلان بزوجي في لبنان ويلفّقان له الأخبار المغرضة عني، وهو ما كان يثير جنونه ويدفعه إلى الاتصال بي مراراً وتكراراً، مُزْبِداً غاضباً. ومع حلول أعياد رأس السنة، قرّر عودتي إلى لبنان، لأنه ما عاد يحتمل الواقع الذي كنت عليه. رفضت. وفي شهر شباط/فبراير، راح والداي يفصحان

بوضوح عن رغبتهما بإرسالي إلى لبنان مجدداً.

الهروب الثالث

- في تلك الحِقبة، كان لديّ صديق حميم في السويد، تعرفت عليه من خلال الإنترنت. كان الشاب، وهو كردي الأصل، سويدي المبادئ والسلوكيات، يعلم بوضعي القانوني كامرأة متزوجة. لم يكن هو الآخر ليجاز له بصديقة حميمة. كانت قصتنا تشبه حكاية روميو وجولييت دراميّةً، إذ وقعنا في الحب عقب لقائنا الأول. كان الشغف يتملك قلبينا، تماماً كما يشغف مَنْ كان في عمرنا بمعشوقه.

في يوم من الأيام، نقلها صديقها الحميم من مركز الترفيه الشبابي حيث تعمل، خلافاً لإرادة زوجها الذي منعها لأجل أنها امرأة، وطلب منها البقاء في منزل والديها إلى أن يتمكن من اللحاق بها إلى السويد والعناية بها. تقول مريم:

- قمت بتهريب بعض الملابس إلى المركز حيث أعمل. وفي يوم عيد العشاق، نقلنا مدير المركز، أنا وصديقي إلى مكان قريب من محطة القطار، ولم يسألنا عن وجهتنا. ركبت القطار فيما بقي صديقي في المدينة، بحيث لا يثير غيابه عنها أية شبهة. في القطار، اتصلت بمركز معالجة الأزمات النسوية، فأرسلت القيّمات عليه من يقلني من محطة القطار إلى مقرِّهن، وقبل أن أصله، عملت على تغيير رقم هاتفي الجوال. أقمت بمعيتهن سبعة

174

أشهر عدت خلالها لاستهلاك المخدرات. كانت سلوكياتي لا تطاق، فاضطررتُ إلى مغادرة المركز.

استُتبِعَت هذه الفترة بأخرى أقامت خلالها مريم مع أشخاص مختلفين إلى أن انتقلت للإقامة في ملجأ للنساء المعنّفات في المنطقة التابعة للعاصمة ستوكهولم.

العمل كمربية أطفال

من خلال الدعم الذي قدمه لها مركز معالجة الأزمات النسوية، حصلت مريم على فرصة عمل كمربية أطفال تعتني بالأطفال في بيتهم، لقاء المأكل والمبيت والتمكن من تعلّم اللغة الأجنبية. كانت أم الأولاد، حيث حلّت مريم للإفادة من فرصة العمل كمربية أطفال، قد انفصلت عن زوجها حديثاً. تقول مريم:

ـ عندما حلَلْت في منزل هذه السيدة وجدتها بحاجتي أكثر من أولادها. وسرعان ما ازدادت حاجتها إليّ، فاقترحت عليها أن أنتقل للإقامة معها بما أن لها شقة واسعة، تحتوي على غرفة شاغرة. وافقت على اقتراحي، فأقمت بمعيتها وأولادها.

في البداية، جرت الأمور على خير ما يرام. لكنها سرعان ما ساءت، فاضطرت مريم إلى الرحيل لتقيم في منزل صديقها الحميم. دامت إقامتها برفقته فترة من الوقت، إلى أن تمكنت والدة إحدى صديقات العائلة، من إيجادها وإقناعها بالعودة إلى منزل والديها. وخلال الفترة

عينها، كانت مريم تسعى للطلاق من الرجل التي أُرغمت على القبول به زوجاً. ثم ما لبثت أن حصلت على مساعدة صديقة العائلة المذكورة توّاً التي أمنت لها العودة إلى المدرسة للتعويض عما فاتها. سارت الأمور على ما يرام إلى أن حلَّ فصل الصيف، وعادت العائلة إلى لبنان. تقول مريم:

– ما أن وصلنا إلى لبنان، حتى سارع أهلي إلى البحث عمن يتزوجني، فقبلت بالعرض الذي قدماه لي. لكن عندما التقيت بالرجل، وتبادلت وإياه أطراف الحديث، أفصح لي عما ينويه للمستقبل، قائلاً إنه، إن رزق ببنات، فإنه سيحرص على ألا يقمن طويلاً في السويد، لئلا يصبحن سويديات المسلك. وشدّد على أنه سيعود بهن إلى لبنان ويقوم بتزويجهن، تماماً كما حصل معنا. كان هذا كافياً لأمقته. ولدى عودتي إلى السويد، فصلت علاقتي به ضاربة بخطوبتنا عرض الحائط، ما أزعج والدي الذي قال إنه يشعر ببالغ الخجل وإنه، نتيجة فعلتي هذه، لن يتمكن يوماً من العودة إلى لبنان. لكن الأمر بالنسبة إليّ ما كان بهذه الأهمية.

بعد ذلك، انتقلت مريم للإقامة مجدداً في منزل صديقة العائلة، حيث جرت الأمور على خير ما يرام، وبخاصة في ظل تحسّن علاقتها بوالديها تحسناً نسبياً.

قصة بيلا

أثار مقتل بيلا في العام 1999، نقاشاً بين أفراد عائلة مريم. تقول:

- كان والداي يشعران بالأسف لما آلت إليه حال ذوي بيلا نتيجة العار الذي جرّته عليهم. لا بدّ أنها كانت على علاقة حميمة بأحدهم ما دفع أهلها إلى قتلها غسلاً للعار. سألت والدي عما كانا ليفعلانه لو اكتشفا يوماً أن لي أو لأخواتي صديقاً حميماً، فقالا إن أهل بيلا فعلوا الشيء الصحيح الوحيد الذي ينبغي على الأهل القيام به في هذه الحالة.

تقول مريم:

- إن السبب في العنف المرتبط بالشرف جهل الأهل، الذين يعتقدون أنهم بقتل ابنتهم، يتصرفون بموجب الأصول. لقد تربَّوْا على أساس أن الزواج مرصود للفتيات وأن الرجولة، لا بل الفحولة، من نصيب الفتيان. إذ على الفتاة أن تعنى بالتنظيف وتحضير الطعام وتلزم الهدوء والصمت، في حين يطلقون العنان للفتيان الذين يجاز لهم بالتأمّر. هذا ما يعتقدونه صواباً. زِد على ذلك، الضغوطات التي تمارسها الجماعة على الفرد. فإن وضعنا طفلاً في قرية لا يقطنها إلا الأغبياء شبّ على الغباء. أما في السويد، فالأمر يتعلق بالاندماج المجتمعي، الذي لا ينجح فيه المهاجرون القادمون من الدول العربية والإسلامية عامة، إلا لماماً. بل إنني أقول، إنهم يفشلون فيه

فشلاً ذريعاً. ثمّة طرق عديدة لتفسير النصوص القرآنية، وأنا أعتقد جازمة أن الإسلام ليس وحده المسؤول عن الحياة التي نعيشها في دول اللجوء أو الاغتراب الأجنبية، بل إن الدين بحدّ ذاته، وأياً كان، هو ثقافة بحدّ ذاته. إن العديد من الألفاظ المعبّرة عن الشرف تجد لها مصدراً في دول الشرق الأوسط، حيث الثقافة واحدة، وإن اختلفت الأديان.

الدين والتقاليد

لم تعد مريم مؤمنة اليوم. فهي تقول إن الله لو كان موجوداً حقاً، لما أجاز بمثل هذا البؤس، وهي تتخذ نفسها دليلاً لتبرير قولها هذا. تقول مريم:

- أدرك تماماً أنني في الثامنة عشرة من العمر لا غير، وأنني عانيت خلال هذه السنوات مشقات تكفي لعمر كامل. ما كان ينبغي أن أكون على ما انتهيت إليه اليوم، فأنا لم أفعل ما يسيء لكي أستحق كل هذه العذابات. لو كان الله موجوداً لما كان ارتضى أن يُقْذف بي في كل هذه الوساخة. أنا متسامحة جداً مع المؤمنين، شريطة ألا يفرضوا إيمانهم ومعتقداتهم على أولادهم أو على أقاربهم. وإن شئت قول الحقّ، قلت إن أهل الإيمان هم الضعفاء في المجتمع، أي أولئك الذين، عند كل معضلة، يحيلون حلّها إلى الله. لكن الحياة الصعبة التي عشتها حتى الآن علمتني وجوب الاعتماد على نفسي وعلى عزمي في حلّ

الأزمات التي أواجَه بها، كأن اقول لنفسي أمام المعضلة: «حسناً يا مريم، أنت الآن في مأزق. كيف ستتصرفين للخروج منه؟». لا بدّ للمفتقرين لهذه القوة وذاك العزم البحث عن سبيل آخر، كأن يخترعوا لهم إلهاً، سواء أسمَوْه الله أو بوذا أو أطلقوا عليه أيّ اسم آخر.

نجحت مريم في التخلص من إدمانها على المخدرات، وذلك منذ سنوات ثلاث، بفضل عزيمتها وثباتها. لكنها لا تزال تعاني من الاكتئاب الذي ينتابها من وقت إلى آخر والذي تعالجه بالأدوية. تقول مريم:

– أعتقد أن كل ما عشته أكان أمراً بسيطاً أم أمراً جللاً، هو ما حوّلني إلى ما أنا عليه اليوم. إنني أعيش سلاماً داخلياً وأنا سعيدة بنفسي ولن أعود يوماً لا إلى الكحول ولا إلى المخدرات. لكن الأثر السلبي لتجاربي المريرة لا يزال يلازمني متخذاً له شكل نوبات الاكتئاب أو الشعور بالاضطهاد الذي يحول دون خروجي من المنزل للتبضّع على سبيل المثال. وعندما تباغتني مثل هذه النوبات، أسارع إلى ابتلاع ثلاثة أقراص مهدئة وأخلد للنوم طيلة النهار. ولقد مرت سنوات عدة عليّ وأنا في هذه الحال.

مستقبل حافل بالأولاد

ليس لمريم اليوم أية أحلام مستقبلية تغذيها. بل إن جُلّ ما تريده

عمل طبيعي وعائلة حافلة بالأولاد، فهي تود لو تنجب ولدين أو أربعة ولديها آراء ثابتة في كيفية تنشئتهم. تقول مريم:

- لا بدّ من الانتباه إلى ما يحتاجه الطفل أم لا يحتاجه. إذ ليس في التربية نموذجاً واحداً يحتذى دون غيره، بل ثمّة نماذج تختلف من شخص إلى آخر. لكن إن أصبحت أماً يوماً ما، فإنني لن أعمّدهم ولن أحاول فرض رؤاي أو آرائي عليهم. بل إنني سأتركهم يقررون إيمانهم عند بلوغهم سنّ الرشاد. فإن شاؤوا العمادة حصلوا عليها، وإن أرادوا التدين بإيمان آخر، فليكن لهم ما يشاؤون.

إن تربية الأطفال تقتضي من الأهل الثبات على محبة أولادهم، التي ينبغي إظهارها لهم من خلال تقديرهم والإصغاء إليهم والعناية بهم والسعي إلى إدراك ما يحتاجون إليه حقيقة. هذا ما حُرمت منه وإن قُدّر لي أن يكون لي أولاد، فإنني سأحرص على ألا أحرمهم من هذه المحبة.

وقفة تحليلية:
حقّ النساء في حياتهن الخاصة

لا يهدف هذا الكتاب إلى الدقّة العلمية، كونه يرتكز على وقائع يطرحها للنقاش. فالتحليل الذي أسوقه هنا مبنيّ على التجارب التي جمعتها خلال معالجتي لشبكة من المشكلات التي تعاني منها نساء شرق أوسطيات في بلاد الاغتراب. ولقد اقترنت هذه المعالجة ببعض الاكتشافات الملحوظة التي برزت في اللقاءات التي كانت لي مع أولئك النساء اللاتي تحدّثت كل منهن بلسانها الشخصي. وبقدر ما استطعت إلى ذلك سبيلاً، أطلعت كل منهن على السردية التي صغتُها في شأنها، بحيث أتيحت لها فرصة إضافة عناصر جديدة لم تتنبّه لها خلال المقابلة أو حذف عناصر لم تجد طائلاً من ذكرها ولا ضرورة.

أودّ أولاً التوقف عند ما رشحت به المقابلات من عناصر مرتبطة بالاستمارات التي وضعتها لحمل النساء موضوع البحث على الكلام. في بعض الأحيان، برزت في المقابلات رؤىً في العنف المرتبط بالشرف، وهذه ظاهرة لم تعاني منها إلا المهاجرات اللواتي حَلَلْن في السويد حديثاً، في حين أن العديد من السرديات الواردة في هذا الكتاب تصف واقع نساء يُقِمْن في هذه الدولة منذ زمن طويل بغاية العمل، وهن

أسباب مختلفة تبرر هروبهن من أكناف عائلاتهن. والجدير ذكره أن هذه العائلات تعيش في السويد منذ زمن طويل يصل حدّ العقدين، وهي أنجبت وأنشأت فيها معظم أولادها.

ومن ناحية ثانية، إن كانت الزيجات القَسْريّة ظاهرة مألوفة في بعض من المجتمع الغجري، فإن التمييز داخل الجماعة الواحدة، أكان إثنياً، عِرقياً أو دينياً، يفاقم المشكلة وبخاصة إن اقترن بمزيد من العَزْل. مع ذلك، لا يشكل التمييز، وبناء على ما تفيد به بعض المُسْتَفْتَيات أو المقابَلات (أي النساء اللواتي أجريت معهن المقابلات المطروحة نصوصها في هذا الكتاب)، السبب في إقدامهن على الفرار من المنزل. وبالإضافة إلى ذلك، لا يسعنا أن نضع المشكلة في خانة الدمج العنصري في المجتمع المضيف بما يضمن التكامل بين جميع أفراده، لأنها تقع في مجتمع حيث قواعد الشرف هي السائدة عموماً. ولعل أبلغ الدلائل على ذلك إنما نجده في بعض من المجتمع الغجري حيث عَمل الغجر على تطوير نظامهم القانوني الخاص بحيث يتمكنون فيما بينهم من إيجاد حلول مناسبة للحالات الشاذّة التي تعكّر على متحدّهم صَفْو عيشه.

إننا نشهد الآن على ارتفاع أصوات بعض الجماعات داعيةً العدالة إلى أخذ الاعتبار الديني في الحسبان لدى إقدامها على حَلّ النزاعات الناشئة في هذا أو ذاك من متحدات المهاجرين المستقرين في السويد. أيكون هذا هو فعلاً ما نريده؟ أم ترانا نريد شرعة مدنية تطبّق على أيّ كان، داخل الحدود المعترف بها دولياً للسويد؟

عديدات هنّ الفتيات اللواتي لفَتْنَ إلى أن طفولتهن الأولى كانت نسبياً حُرّة من الأغلال. وللتمثيل على الأمر، أورد فيما يلي ما أفادت به إحدى اللواتي قابلتهن في هذا الشأن:

- إننا نفعل عكس ما يفعله السويديون. فنحن نعطي الأولاد عندما يكونون صغاراً في السِّن حرية مطلقة. لكن عندما يقتربون من سِنْ المراهقة، فإننا نجرّدهم منها ونقيّدهم بشبيكة من المحظورات. هذا هو المصير المقسوم للفتيات تحديداً. فنحن عندما نود اختبار قدرة أجنحتنا على الطيران والتحليق، نجِدُنا عالقات في أكثر من شَرَك.

إن الوقت والجهد اللذين صرفتهما طوال حياتي الراشدة في العمل مع الشبان (أكانوا إناثاً أم ذكوراً)، يجيز لي التحقق من أن العائلات من ذوات العقلية المتمسكة بالشرف تعاني نقصاً هائلاً في معرفة كيفية تنشئة الأطفال. والجدير ذكره هو أن انتماء الأهل إلى المجتمعات التسلطيّة التي ولدوا ونشأوا فيها، يكيّفهم بشدة وهو ما يجد له انعكاساً في الكيفيّة التسلطيّة هي الأخرى التي ينهجونها في تربية أبنائهم، إناثاً وذكوراً. ويتمثّل هذا النقص في المعرفة في جهل الأهل لطرائق الحوار مع الطفل أو الناشئ، بحيث إنهم لا يفعلون إلا إسدائه الأوامر التي لا بدّ له من أن يمتثل لها فوراً وبلا نقاش، وإلا لقي جزاء رفضه أو عناده الضرب الذي يدفع به إلى التقوقع في الخوف. ومن ناحية أخرى، عديدة هي العائلات التي حلّت في السويد هرباً من بلدانها الممزقة بالحروب، التي

خبروا جراءها الخسائر والجراح، وهم لم يتلقوا في الدولة المضيفة أي علاج يخفّف من آلامهم أو يبلسِم جراحهم. كما أن عدد الأولياء الذين ألزموا هم أنفسهم بزيجات لم يرتضوها في سنّ مبكرة وفي جهالة تامة لجنسانيتهم ولحميميتهم العاطفية، عدد لا يستهان به. وبالإضافة إلى ذلك، فإن الكلام في كل هذه المواضيع محرّم أو «حرام» كما يقولون، وإن اختلفت نسبة الخطر باختلاف الانتماءات الدينية. ومن هنا، يطرح السؤال: أي نوع من التأثير يرخيه زواج قسري، افتُتِحَ باغتصاب في سنّ مبكرة، على الرابط الأبوي والعاطفي بين وليّ الأمر من أب وأم خاصة، على الطفل؟

يُخْضَع الطفل نفسه إذن للراشدين. وهذه قاعدة تطبّق في العادة على الفتيات، اللاتي لا بدّ لهن من أن يُخْضِعْنَ أنفسهن للذكور، حتى ولو كان واحدهم أخوهم الأصغر. إن التمييز على أساس الجنس واضح ومعبَّر عنه بنبَرة تفصِحُ بالفوقية لاستقواء صاحبها (بل وصاحبتها) بالدين والتقاليد. كما أن ضرب الأطفال في هذه العائلات موضوع البحث منتظم لاعتماده كوسيلة للتنشئة، وهو ما ترشح به سرديات كثيرة أوردتها في هذا الكتاب. ومن ناحية ثانية، يربّى الأطفال، ومنذ نعومة أظفارهم، على أساس الأدوار الجنسية النمطيّة، حيث الرجل أو الولد يفوق المرأة أو البنت منزلةً، ما يعفيه كلياً من الاضطلاع بالأعمال المنزلية. وعندما يُسأل الأولياء في العائلات المسلمة عن السبب في ذلك، فإنّهم يحيلون السائل إلى القرآن وما ورد فيه من وصف المرأة

والرجل، قائلين: «بحسب القرآن، الرجل رجل والمرأة امرأة». هذا ما تقوله أم لابنتها التي تسألها عن السبب في الفرق الواضح في القواعد والأعراف لصالح الرجل على حساب المرأة.

زِدْ على ذلك، أن الرؤية المعتَمَدة للمرأة تجعل منها مَتاعاً يُباع ويُشْرَى في سوق الزيجات الذي لا يختلف كثيراً عن سوق النخاسة. وإن كان للمرأة أيّ دور متميّز في العائلة، فهو التفاني في خدمة أفراد العائلة وبخاصة منهم الذكور أكانوا أطفالاً أم راشدين.

وعندما تتولى المرأة الشابة تربية الأولاد فهي تعلمهم ضرورة الامتثال لنظام الأصول الذي أرسته العائلة، وتحذرهم من السؤال عن السبب في تلك القاعدة أو ذاك العرف، لأن الاستفسار لا ينتهي إلا إلى نتيجة واحدة مزدوجة هي في آنٍ واحد اضطراب العلاقات وتدهورها، واللجوء إلى العنف والقمع القابلَين للتفاقم إن ووجه الأهل بمقاومة أولادهم أو بإقدام هؤلاء على انتهاك القواعد والأصول، ضاربين عرض الحائط بالمحاذير أياً كانت.

إن العنف الذي يسود هذه العائلات وينتهي بالفتاة المعنّفة إلى الفرار من منزل ذويها حيث الحياة ما عادت آمنة، لا يستهان به، بل إنه في بعض الأحيان يصبح تعذيباً بحسب ما قالته فيه بعض النساء المقابَلات. غير أن الغريب هو أن هؤلاء الفتيات والشابات المعنّفات لا يُضمِرْن الحقد للأبوين، لأن المسألة تتعلق في نظرهن في «جهل الأهل لكيفية التصرّف مع الأولاد»؛ فهم يقومون بما يعرفون القيام به، كما أن

عنفهم هو «الطريقة التي يعبّرون بها عن حبّهم لأولادهم وخوفهم على بناتهم خصوصاً».

ليس للمرأة مالها الخاص، ولا غرفتها الخاصة ولا وقتها الخاص. فالمرأة هي المسؤولة الأولى عن تنشئة الأطفال في سنوات طفولتهم الأولى. ثم يتولى الأب العناية بالفتيان، أو يعتني هؤلاء ببعضهم بعض، فيما تنصرف الأم إلى العناية بالفتيات. ومن جهتهم، يحرُص الأب والأخوة على أن تَضْبِطَ الفتاة سلوكها خارج المنزل بحيث تبدو لرائيها «فتاة متواضعة». أما النميمة فهي شغل النساء الشاغل عندما يلتئم عِقْدُهن في مناسبة أو أخرى؛ وبالتالي فإنهن تتحملن مسؤولية ما تأتي به بناتِهنّ من تصرّف غير مطابق للأصول. ولقد لفتت معظم الشابات اللواتي قابلتُهن إلى أن الأبوين يتشاركان في العقاب الذي ينزَل بهذه أو تلك منهن، إذ تتولى الأم حسن الإهانة والإذلال فتجعل من ابنتها هدفاً لاعتداء نفسي في حين يتولى الأب العقاب الجسدي. وكثيرات هن اللاتي صرّحن بأن الاعتداء الكلامي والعقلي كان أمضى بالنسبة إليهن من الاعتداء الجسدي بالضرب أو الصفع.

وللتمثيل على كل ما سبقتُ إليه، أودع القراء الاقتباسات التالية المُفصِحَة عن انعدام المساواة في تعامل الأهل مع الفتيان والفتيات.

تقول لورا: «كان علينا المحافظة على الهدوء في المنزل بحيث لا نسبب لأخينا الإزعاج. كما ينبغي على الفتيات التعلّم ومنذ نعومة أظافرهن أنهن لسن أطفالاً يجاز لهن باللعب والمرح. وأنا لم ألتقي يوماً

بفتاة عرفت معنى اللعب في طفولتها».

تقول سوزان: «أذكر كيف كنت أنهمك في تنظيف المنزل لكي يجاز لي بالخروج. ولقد انطبق الشيء نفسه على أختَيَّ. أما أخي، فكان بوسعه الدخول والخروج كيفما يشاء وساعة يحلو له».

تقول صوفيا: «قلت له إن الشيء نفسه ينطبق على الرجل إن تزوج بعدة نساء وتخلّى عنهن الواحدة تلو الأخرى، فإذا به يجيبني: «المرأة امرأة والرجل رجل»».

بالنسبة إلى العديد من الشابات، لا يعني العنف والقمع باسم الشرف إلا تقلّص حِقبة فُتُوَّتِهن، التي لا يختبرن طوالها أيّ حِسّ اجتماعي خارج حدود العائلة. وإن حصل وجَرُؤْنَ على كسر القيد من خلال التمسك بالتعلّم، فإن الأهل يسارعون إلى التصدي لهن، وشدّ القيد أكثر. ومن هنا، يصبح الكذب على الأولياء بل والأصدقاء خبزاً يومياً. غير أن الأكاذيب توقع الفتيات في مشاكل جَمَّة مع أفراد العائلة والصديقات، بل ومع السلطات يوم يتوجّهن إليها طلباً للمساعدة، فيجدن صعوبة في إقناع المرشدات الاجتماعيات بصدق أقوالهن التي تبدو مفتقدة للترابط والمعقولية. وثمَّة فتيات وشابات يواظبن على الكذب حتى عندما لا يحتجن اللجوء إليه، لكونه أضحى الوسيلة الوحيدة التي يفِدن منها للبقاء على قيد الحياة. زِدْ على ذلك أن الكذب يُدخل إلى نفوسهن الاضطراب والخوف ويعوق إفصاحهن عن معاناتهن، كما أنه يستلزم وقتاً طويلاً للشفاء منه؛ إذ لا بد لهن أولاً من اختبار النتائج

الإيجابية للصدق لكي يقتنعن بضرورة الإقلاع عن الكذب، وهذا يقتضي بطبيعة الحال شعورهن بالثقة بالآخرين، وبخاصة بالرجل أياً كان موقعه في حياتهن، أي سواء أكان أباً أم أخاً أم زوجاً.

وثمّة موضوع آخر تتوقف عنده النساء اللواتي التقيتُهن فتلفِتن إلى أن الشابات الراغبات في تحصيل دخْلِهن الخاص ومتابعة علومهن الجامعية تجدن أنفسهن ملزمات بكسر الرباط الذي يوثقهن بعائلاتهم. ذلك أنه من غير المعقول والمقبول مغادرة المنزل العائلي والانتقال إلى مدينة أخرى حيث تتخذن لهن إقامة إلا إن تواجد في المحلّة قريب يتقصّى أخبارهن ويراقب تحركاتهن أو إن كان برفقتهن أخاً يلازمهن. أما بالنسبة إلى وقت الفراغ فهو مَقْصيّ عن حياتهن لضرورة انشغالهن بكل الأعمال المنزلية. وإن نجحن، نتيجة الإكثار من النَّقِّ أو الكذب أو المفاوضة والمقايضة، في الحصول على فرصة الانخراط في نشاط ما خارج المنزل وبرفقة الأصدقاء، فإن الأهل، وبقرار مفاجئ، قادرون على حرمانهن من الفرصة المنشودة. وإن اضطرت شابة ما إلى فَضّ الوثاق العائلي لتبنِيَ لها حياة بعيداً عن عائلتها، اتهمت بأنها تعلّمت كيف تكون «سويديّة» في أحد المخيمات المدرسية أو النشاطات الثقافية التي أجيز لها يوماً بالالتحاق بها.

عديدات هنّ أمهات الشابات اللواتي يعانين أمراضاً مزمنة، جسدية كانت أم نفسية، كداء السّكري، وتضخم الغُدَّة الدرقيّة وأمراض القلب. وإن نجحت إحدى الشابات بالفرار من المنزل والاستقرار

في مكان آخر كالملجأ المخصّص لإيواء النساء المعنّفات، تُستعمل هذه المعاناة كحجّة للضغط العاطفي عليهن بغية إلزامهن بالعودة إلى المنزل. وفي مثل هذه الحالات، تهدّد الأم، أكانت مريضة أم لا، بالانتحار أو يتّصل بالشابة أحد الأقارب لِيُخْطِرَها بموت أمها الوشيك، فيلزمها بالعودة إلى المنزل وهو ما تفعله لأن الرابط العاطفي والتكافلي بين الأم وابنتها في هذه المتّحدات قوي لدرجة يستحيل معها فضّه.

وتحكي الشابات أيضاً عن المسؤولية المالية التي ينبغي عليهن تحمّلها لإعانة أوليائهن على شَظَف العيش. ومن شأن هذا الأمر أن يلزمهن بحرمان أنفسهن من أشياء كثيرة، خصوصاً من إمكانية الحصول على حياة خاصة بكل منهن. لذا، تراهن يتخلّيْن للأهل عن المنحة الدراسية أو عن راتبهن، في حال كان لهذه أو تلك منهن وظيفةٌ تسترزق منها.

لا تحتكم الشابات، وهو ما ينسحب عليهن جميعاً بلا استثناء تقريباً، على أية معرفة عملية بتطورهن الجِسماني ولا بجنسانيّتهن. ذلك أن أوليائهن غالباً ما يحظّرون عليهن متابعة الصفوف المدرسية التي تعمل على توعية الناشئة في هذا المجال، كما يحظّرون عليهن حضور الصفوف المختلطة. ولقد كان لهذا الحظر المزدوج أن ولّد في نفوسهن الخشية والخجل حتى من الإصغاء إلى الشروحات، لدرجة أَحْجَمْنَ معها، وبإرادة ذاتيّة منهن، عن الاستفسار عن هذه الأمور الحيوية والطبيعية. وفي مثل هذه الحالة، يكون تلقين الأهل قد نجح، داحضاً أي ادعاء بأن الشابات قد حُرِمْنَ الخوض في هذا المجال ما دُمْن هنّ من أَحْجَمْنَ عنه.

لا يجاز بالجنس إلا أن اقترن بالزواج. وفي معظم الحالات، لا تعلم الفتيات بالتطورات التي من المقدر للجسد الأنثوي المرور بها، كالحيض مثلاً، ما يجعل من تجربة النّزف الأول تجربة رَضِّيَّة. تقول إحدى النساء ممن أجريت معهن مقابلات إن والدتها لدى بلوغها، سارعت إلى إعطائها فوطة صحيّة، منصرفة بعد ذلك إلى البكاء بحرقة. وأمام دموع الأم، ظنّت الفتاة أنها مصابة بمرض خطير ما جعل القلق والخوف يستبدان بها، إلى أن حلّت في منزلهم صديقة شرحت لها ماهية ما أصابها، فأدركت أنه أمر طبيعي تماماً. وثمّة فتاة أخرى ظنّت أن الحمل يأتي نتيجة تبادل القبل وهي أبقت على اعتقادها هذا حتى بعد بلوغها سنّ الثامنة عشر. وعندما حملت عن طريق الصدفة وفي جهالة منها، اضطرت للخضوع إلى عملية إجهاض. تقول هذه الشابة أيضاً إن والدتها حذّرتها بعد ذلك من مغبّة استخدام حبوب منع الحمل لأنها تَتَسَبَّب للمرأة بالعَقَم، فلم تجرؤ خلال الفترة الأولى التالية لزواجها على الاستعانة بها. وبالإضافة إلى ذلك، يحرّم على الفتيات البالغات استعمال القطيلة (أي السِّدادة القطنية التي يحشى بها جرح أو تجويف ما في الجسد لوقف النزف أو لامتصاصه) خوفاً من فضّ غشاء البكارة، كون العذرية قضيّة مركزيّة في مسألة الشرف تبرّر المراقبة الموصولة التي تخضع لها النساء في سنوات شبابهن، وتسود ثقافة الشرف.

وعلى الرغم من كل المحاذير التي تحظّر عليهن ممارسة الجنس، فإن الشابات، وبحسب ما استوثقتني به كثيرات ممن قابلتهن، لا يُقلِعِن عن

الجنس بل يستعضن عنه بالمجامعة الشرجيّة أي الجماع من الدبر، أو يمارسْنَه بطرق أخرى لا تمثل خطورة بالنسبة إلى البكارة. وثمّة العديد من الشابات يدخلن في علاقات خطيرة مع الرجال عبر الإنترنت، تماماً كما يفعل الشبان، وذلك من باب الفضول للتعرّف على ماهية التجربة الجنسية. ويعود السبب في هذه المخاطرة إلى أن الجنس يشكل قوة محفّزة بالنسبة للفتيان والفتيات على السواء، وبخاصة في سنّ المراهقة، حتى ولو كان العقاب الصارم يترصّدهم وهو قد يصل في أسوأ الحالات إلى القتل داخل العائلات المتمسكة بثقافة الشرف. وفي بعض الحالات، يقود التواصل مع رجال مجهولين عبر الإنترنت، الفتيات والشابات، إلى استجرارهن إلى الاستغلال الجنسي والدعارة والمخدرات. ومن جهة ثانية، يخضع الفتيان هم أيضاً للعنف المرتبط بالشرف، لكنهم لا يفصحون عما يتعرّضون له، ليس ضَنّاً بالمفهوم القائل إن الذكورية أو مصدر استمرارية الحياة والنسل وحسب، بل لأنهم لا يطلبون المساعدة. ومن هنا، نخلُص إلى أن الفتيان كما الفتيات يلقّنون الرؤية السائدة في الذكورية والرجولة، ما يجعل من التطرّق إلى الجِنسانية وممارسة الجنس أمرين أكثر صعوبة بالنسبة إليهم.

أما العلاقات التي تنشأ خارج إطار الزواج، فغير واردة إطلاقاً، بل لا يجوز التفكير بها ولو عرضاً أو الإشارة إليها ولو لماماً. وفي العديد من الدول حيث الشريعة تشكل القانون، يُنظر إلى هذه العلاقات بوصفها زنًا، داخلاً في باب الدّعارة، وهي تجرّ على النساء خصوصاً ألواناً من

العقاب، تصل حدّ السجن أو تبرأ عائلتها منها أو الرّجم أو غيره من أشكال القتل ضَنّاً بالشرف. وبصريح العبارة، وإن كانت فَظّة، تحمل المرأة شرف الرجل بين فخذَيْها.

وفي السويد، تؤدي علاقات الزِّنا في متحدات المهاجرين من العالم الإسلامي إلى تبرّؤ العائلة من المرأة المتهمة بها، أو إلى إلزامها بالزواج ممن لا ترضاه شريكاً لحياتها أو إلى إبعادها عن البلاد أو إلى التعنيف الموصول أو الانتحار «القسري». بل إن الشبان هم أنفسهم، إن ضُبطوا في علاقة زنا، يُدْفعون قسراً إلى الزواج ويُخضعون للقمع باسم الشرف، بل وللقتل.

بالنسبة إلى المرأة التي تعيش في ظِلِّ القمع باسم الشرف وحفاظاً عليه، فإن الطلاق من رابع المستحيلات، ليس في السويد وحسب بل وفي الدول الأخرى حيث للمهاجرين متّحدات. إذ من غير المعقول أن تعيش المرأة المطلّقة بلا أولاد حياة مستقلّة. ويقتصر ما يجاز لها به على عودتها إلى منزل ذويها أو إلى منزل قريب من أقرباء العائلة، حيث ينظر إليها بوصفها قاصراً ما دامت بلا رجل، علماً أن هذا المفهوم منصوص عنه في ديانات مختلفة حول العالم.

أما عندما يتعلّق الأمر بمجتمع الميم (أي تجمع المثليات والمثليين ومزدوجي الميل الجنسي والمتحولين جنسياً) بين الشبان والشابات، فإن المحرّمات المرتبطة بالجنسانية أشدّ قسوة. فهم لا يجرؤون على طلب المساعدة إلا في النادر جداً من الحالات. ذلك أن المثلية وازدواجية الميل

الجنسي والتحول الجنسي أمور تدخل جميعها، وبغضِّ النظر عن النوع الجنسي أو الجَنْدَر، في باب «الحرام» الذي إن ارتكب جرَّ على صاحبه ومن لفَّ لفّه من أهله وأقاربه، الذلَّ والهوان. وبحسب انتماءاتهم الدينية، يتعرّض المنضوون في مجتمع الميم ـ أكانوا ذكوراً أم إناثاً ـ، إلى الاضطهاد باسم الشرف. وفي الدول حيث النصوص الدينية تلهم القوانين وتصوغها، فإن عقوبات صارمة تترصدهم، ومنها الحكم بالإعدام. وبالتالي، لا بدّ من قوانين مغايرة تبقي على روابط الدم وتصونها من الهدر. غير أن المفهوم القائل بأن المرء المولود في مجتمع متديّن لا يستطيع الفكاك منه بل عليه الالتزام بأصوله وقوانينه وأعرافه، مفهوم راسخ. ولقد لاحظتُ مراراً أن الإرباك والتشوش يسودان باستمرار النقاش الدائر في السويد حول الانتماءات الدينية وتلك الإثنية أو العرقية، علماً أن العلم لا يوفر دليلاً يثبت أن المولود في ديانة لا يرتبط بها ارتباطاً جينياً، بل إن الأمر كله لا يتأتّى إلا من الطريقة التي ينظَر بها إلى الإيمان أو من التلقين الذي يخضع له الطفل أو الناشئ لسنوات تضمن رسوخه في وجدانه.

إن للعائلة دوراً غير مسبوق في الحفاظ على ثقافة المنشأ التي تتميز بإجلال الدين والأعراف والتقاليد. أما ما يثير استغراب العاملين المعنيين بمعالجة القضايا الناتجة عن العنف المرتبط بالشرف، فهو توسُّل مَنْ يمارسه حجّة الدفاع عن الأعراف الدينية لتبرير الاعتداء والعنف، وانتهاك حقوق الإنسان وتقويضها من خلال وضع العراقيل

أمام تطبيقها وأعني منها حقوق النساء والأطفال خصوصاً. في غالب الأحيان، يدّعي المعارضون لوجهة النظر هذه، أن العنف المرتبط بالشرف يتوقف على التقاليد. لكن ما هو مصدر هذه التقاليد؟ إنني كما غيري كثر، أشعر أن الثقافة تشمل الدين والتقاليد التي تُولّى المرأة بموجبها مهمة رئيسة تقتضي منها العناية بالمنزل وتربية الأولاد. هذه هي العقلية السائدة في مجتمع المهاجرين في السويد حيث يعقد في كل نهاية أسبوع، عدد لا يستهان به من زيجات الأطفال، في حين تعقد الزيجات القانونية في السنّ المناسبة. لكن ما يُغْفَل عنه في العادة، هو أن العديد من المهاجرين الآتين من مناطق تستعر بالنزاع المسلّح يصلون السويد بلا أوراق ثبوتية، فيعملون على الاستحصال على بدائل عنها، موردين فيها سنّ ولادة الطفل أو الطفلة بما لا يتوافق والحقيقة. وبالتالي، تكون الزيجة التي يدّعون قانونيتها، زيجة قسرية بمعنى أن الفتاة المعقود قرانها لم تبلغ السنّ القانونية المجاز بها، في القانون السويدي، للزواج الذي يحصل في غفلة عن السلطات. أما السبب الرئيس الذي يحدو بالعائلات إلى تزويج بناتهن في سنّ مبكرة فهو في غالب الأحيان، المال المتمثّل في المَهْر الذي يجعل من الزواج عملية تجارية بامتياز، بل إنه يصعّب حصول «العروس الفَتِيّة» على الطلاق لأن أهلها مَدينون للعريس وأهله بهذا المال، وذلك لفترة تطول أو تقصُر بحسب الظروف. أما المبلغ المدفوع مقابل العروس فيتراوح بين بضعة آلاف ومليون كرون. وفي معظم الحالات، يفتتح الزواج باغتصاب العريس لعروسه الرافضة للجنس. وثمّة حالات، يرفض فيها العريس والعروس القاصرين ممارسة الجنس

مع بعضها البعض، لكن أولياءهما يلزمونهما به غصباً. وتبقى بقعة الدم التي تلطخ الملاية لحظة فضّ البكارة الدليل الأبلغ على عذرية الفتاة والحماية الوحيدة لها من العنف والتهديد باسم الحفاظ على الشرف.

ليست أحلام النساء بالمستقبل أحلاماً تفتقر إلى الموضوعية والواقعية. فهن يبتغين أولاً التحصيل العلمي الذي يضمن لهن الحصول على وظيفة لائقة ومربحة. وهن يتطلَّعن إلى اللقاء برجل يستطعن وإياه بناء حياة مشتركة وتأسيس عائلة، يغدَق فيها على الأطفال بالمحبّة والتفهم بحيث ينتهون إلى الثقة بوالديهما، علماً أن المحبة والثقة هما ما افتقدت إليه النساء عندما كنّ لا يزلن يُقِمْن في كنف عائلاتهن.

إن معظم النساء اللواتي أجريت معهن مقابلات، نساء مؤمنات لكنهن يطالبن بأن يجاز لهن بتفسير النصوص الدينية بأنفسهن. ولقد انبرت إحداهن قائلة إن تفسير النصوص منوط بالرجال وإن الرجل هو الذي يضع القواعد المرعية الإجراء. وتخلص أولئك النساء إلى القول إن الأساس في الدين هو المعاملة ومكارم الأخلاق. ولعل ما لفتني في هذه المقابلات هو إحجام كل النساء المستَفْتَيَات في العنف المرتبط بالشرف عن تحميل الدين المسؤولية فيه. وهن لا يَرَيْن في الدين أي عَيْب، بل إن العلّة في التفسير الأبوي خصوصاً والذكوري عموماً للنصوص الدينية. زِد على ذلك، أنهن مدركات تمام الإدراك أن التقاليد المقترنة بجهل الوالدين لطرائق التنشئة السليمة هي التي تجيز هذا النوع من العنف وتسوّغه. وتختم إحداهن بالقول: «الأهل مقتنعون بأنهم

مصيبون فيما يفعلون».

يختلف العنف المرتبط بالشرف عما يسمّى بـ «عنف الشريك» وهو الذي يمارسه الزوج بحقّ زوجته ويدخل في باب العنف المنزلي. ومع أن هذين النوعين شكلان للعنف الأبوي إلا أن الأول (العنف المرتبط بالشرف) أكثر تمدّداً وتعقيداً من الثاني (عنف الشريك أو العنف المنزلي) وبخاصة أنه يمارس بطرق مختلفة، علماً أن الضالعين فيه ليسوا الرجال وحدهم بل والنساء أيضاً. هذا ما نضحت به الشهادات التي جمعتها وأبانته لي تجاربي الميدانية الأخرى في هذا الحقل.

يمارَس العنف المرتبط بالشرف وما يواكبه من قمع واضطهاد جماعياً، إذ يمكن لأيّ من أفراد العائلة الضيّقة والشبيكة العائلية أو العشائرية الممتدة الضلوع فيه، كما يمكن لهؤلاء جميعاً أن يضعوا له خططاً يتجاوز تطبيقها الحدود الفاصلة بين الدول، بحيث يخطّط العمل العنفي في بلد وينفّذ بحقّ ضحيته المرصودة في آخر. إذ ذاك تجد الضحية نفسها وقد أطبَق عليها الشَّرْك وباتت عاجزة عن إيجاد من يمدّ لها يد العون، لتكتّل أفراد العائلة جميعاً حولها بقصد إنزال أشد ألوان العقاب بها، والقتل واحدها. واللافت هو أن الممارِس لهذا النوع من العنف يعدّ بطلاً في نظر الأقرباء والأنسباء الذين يقدّرون له نَخْوَته في الدفاع عن أغلى ما للعائلة، ألا وهو شرفها. أما الممارِس للعنف المنزلي عموماً ولعنف الشريك خصوصاً، فإنه يُعَدّ مرتكباً ليس إلا.

تقتضي معالجة العنف المرتبط بالشرف تعاوناً دولياً، وهذه ضرورة

اتضحت لي نتيجة المقابلات التي أجريتها مع عدد من النساء المعنّفات وجمعت بموجبها المعطيات التالية:

غادر عدد من أولئك النساء منازلهن وقطعن بالتالي أي تواصل لهن مع العائلة. وإن أبقت واحدتهن على تواصل مع أحد أفراد العائلة فمحدود جداً. ولا يزال بعضهن يعيش في ظل قانون السِّرّيّة الذي تؤمن لهن الدولة السويدية بموجبه الحماية. لكنهن يَخْشَيْن مع ذلك كشف أمرهن فيتعرضن لخطر القتل المُحْدِق بهن. كثيرات هن اللاتي عانَيْن من تبعات الفرار وما يرافقه من خوف وقَلق. ومن هذه التبعات: الاضطرابات الغذائية، والاكتئاب على أنواعه، والميول الانتحارية التي لا تنفكّ تراودهن. ولقد كشفت لي واحدتهن أن الفرار جرّها إلى الإدمان على المخدرات وأن اضطرارها لتلبية حاجات هذه الآفة قادها إلى التحوّل إلى الدعارة. ومن ناحية ثانية، انعكس الفرار بالنسبة إلى معظمهن تأخيراً في التخطيط للمستقبل سنوات عدة. فهن أضعن فرصة استكمال مسارهن التعليمي ليس بسبب العنف الذي تعرّضن له وحسب بل بسبب ما اقتضته منهن إعادة التأهيل أيضاً من وقت وجهد صَرَف تركيزهن عن التعلّم والتدريب الوظيفي. ويعاني عدد لا يستهان به منهن من مشاكل سيكولوجية قوّضت احترامهن لذواتهن وثقتهن بأنفسهن نتيجة ما تعرّضن له من قمع وعنف وإذلال طال أمده ردحاً طويلاً من الزمن. أما أصعب ما تعانيه أولئك النساء، فهو الشكّ بقدراتهن على تخلّصهن من معاناتهن بسبب ما رسّخه فيهن

أولياؤهن من مذنوبيّة واحتقار لذواتهن، على امتداد سنوات تنشئتهن، وهو ما يزال يولّد في نفس كل منهن شعوراً من القلق المرافق لها في حياتها اليومية.

وإن كان للفرار من المنزل العائلي فائدة، فلقد تمثّلت في إدراك أولئك النساء لماهية الحياة التي يتطلَّعْن إلى بنائها لأنفسهن وفي تصورهن للكيفية التي سيعتَمِدْنَها في تربية أولادهن في المستقبل. وعلى الرغم من كل المرارات التي اضطررن إلى تجرّعها إلا أنهن أصبحن أقوى شكيمة وعزيمة، علماً أن هذا الكَسْب كلَّفهن أثماناً باهظة.

دور المجتمع في الحدّ من العنف المرتبط بالشرف

قانون الشؤون الاجتماعية

لا بدّ لقانون الشؤون الاجتماعية من أن يطبّق بما يضمن للناشئة ذكوراً وإناثاً، أي ممن لم يبلغوا سنّ الثامنة عشر، الحماية من أي أذى يتهدّدهم به محيطهم العائلي. كما لا بدّ لقانون رعاية الشباب (المعروف في السويد بـ LVU) أن يطبّق بلا أية استثناءات في الحالات التي تتعرض فيها الناشئة للعنف على أنواعه وللنقص الجدّي في الرعاية والحماية، وخصوصاً للتهديد بالقتل. ولا بدّ من الإقرار بأن النقص الذي يشوب آلية تحديد المخاطر التي تتعرض الناشئة لها في حالات العنف المرتبط بالشرف، عائد بالدرجة الأولى إلى المعرفة السطحية بالمشكلات والتعقيدات التي ترافق هذا النوع من العنف. لذا، ينبغي على الفريق

العامل في هذا الحقل وفي الخدمة الاجتماعية تحديداً، اكتساب المعارف العلمية والميدانية الضامنة لتطوير قدراته على تقييم الحالات كل بحسب خاصيّاتها، والمعارف القانونية والسيكولوجية والتربوية والاجتماعية بحيث يتمكن أفراد هذا الفريق من إصدار الأحكام الصائبة واقتراح الحلول المناسبة لكل حالة. ولا يستقيم عمل الفريق المعالج للعنف المرتبط بالشرف إلا أن تعرّف أعضاؤه على السياق المجتمعي الذي ينشأ فيه وعلى الأشخاص الذين يعانون منه وأولئك الذين لديهم اليد الطولى فيه. عند ذاك فقط، تتجلى لهم الأمور على حقيقتها وتفتح الآفاق أمام التقدم بالحلول.

من ناحية ثانية، ينصّ القانون على ضرورة إعلام الأهل باستهلال أي تحقيق اجتماعي يتعلق بولدهم. في الحالات العادية، لا يطرح هذا الأمر أية مشكلة تذكر. لكن إن استهل التحقيق الاجتماعي في حالة تنطوي على تهديد حياة الناشئ بالخطر الجدّي ضناً بالشرف، بلا إخطار الناشئ المستهدَف وتأمين حمايته فإن ذلك يروّعه ويفاقم الخطر المحدِق به. لذلك لا بدّ من تعديل القانون الذي ينصّ على إعلام الأهل بالتحقيق، بحيث يؤخذ في الاعتبار أن الأهل أنفسهم والشبيكة العائلية التي تحيط بهم هم الذين يشكّلون مصدر الخطر. لذا، ينبغي على القانون أن ينصّ أولاً على تقصّي الحالة بكل تفاصيلها وعزل الناشئ المستهدَف، بحيث يمكن البحث مع أهله عن سبل الخروج من المأزق دون تعريضه لمزيد من الأهوال. غير أن ما نشهده على أرض

الواقع يفيد بأن العاملين في الخدمة الاجتماعية، سواء أكانوا أفراداً أم مسؤولين، لا يزالون غير متبصّرين في العنف المرتبط بالشرف، وهو ما يفسِّر وقوعهم في أخطاء كثيرة، بسبب نقص معرفتهم بدقائق الموضوع، وأحكامهم السَّبقية واستخفافهم. ولا ينبغي للمعالجة أن تقتصر على الناشئ المستهدَف بالعنف المرتبط بالشرف وحده دون غيره، بل ينبغي أن توسّع دائرتها بحيث تشمل العائلات التي تمارس هذا النوع من العنف أو تميل إليه، فتحصل على مساعدة نوعية تضمن تغيير العقلية التي تأتمر بها. ولا بدّ من الإشارة إلى أن أفراد هذه العائلات يعيشون في ظل ظروف ضاغطة تتعلق بالانتماء العرقي والديني والعشائري. ومن شأن المساعدة المدروسة أن تحملهم على إعادة برمجة أنفسهم بحيث لا يلجؤون إلى العنف في كل مرة يلاحظون لدى أولادهم، فتياناً كانوا أم فتيات، خروجاً عن العادات المألوفة أو تحدّياً للمحاذير التي تضبط شؤون العائلة. لكن وبانتظار أن يُصار إلى وضع آليات وطرائق مناسبة لمعالجة الحالات الناشئة عن العنف المرتبط بالشرف، تبقى حماية الناشئ من ذويه أولوية لا بدّ منها، وهي تقتضي إبلاغ الشرطة بحالات سوء معاملة الأطفال والناشئة وجلب المرتكب للعمل العنفي بحقّ هذا وتلك منهم أمام المحاكم المختصّة.

قانون السرّية

إن الناشئ المستفيد من قانون الحماية السويدي ملزَم بتجديد الطلب الذي يرعى حقّه بالحماية ممن يتهدّده بالعنف المرتبط بالشرف، لدى

السلطات المختصة. ولقد أفادني عدد معتَبر من الأشخاص الذين كنت على تواصل معهم، بمن فيهم النساء المساهمات بشهاداتهن في هذا الكتاب، بوجوب أن يجاز لهم بالحقّ في الطلب بالحماية السرّية كما بالحقّ في العدول عنه عند زوال الأسباب الموجبة له.

وفي حالات الزواج القسري التي تنتهي بطلاق لا تناله المرأة إلا إذا أعاد أهلها المهر الذي قبضوه ساعة زوّجوها بمن لا ترغب وسُجِّل اسمها في سجلات المديونين الرسمية، فإن ضرورة عودتها إلى الحياة المستقلة الراشدة تقتضي أن تعفى من ذاك الدين. وفي المقابل، لا بدّ من ملاحقة الأهل الذين يخضعون بناتهم للمديونية أياً كان نوعها، ملاحقة قانونية. وينسحب الأمر كذلك على الزوج الذي لا يطلق سراح زوجته التي غُصِبَت على القبول به إلا إذا أعادت المال الذي صرفه مهراً لها ولأهلها. إذ لا إمكانية لها البدء بحياة جديدة ما دام زوجها أو طليقها يلاحقها مطالباً بماله.

الترجمة والمترجمون

إن اللجوء إلى الترجمة في مراحل مختلفة من التحقيق الاجتماعي (أي ذاك الذي تجريه فِرق دائرة الشؤون الاجتماعية) ومن التحقيق الأمني (أي ذاك الذي تجريه الشرطة) ومن التحقيق القضائي، لا بدّ وأن يتوسّل مترجمين محلَّفين ينبِذون ثقافة الشرف المبررة للجريمة. وبالتالي، فإن المترجمين المستقلين هم الذين، وبلا أية استثناءات، ينبغي اللجوء إليهم في مسارات التحقيق المختلفة، إذ لا يجوز إطلاقاً أن يطلب من

أحد أفراد العائلة الضالعة في ارتكاب هذا النوع من العنف، القيام مقام الترجمان، لأن الأخير قادر وبكل بساطة على تحريف الشكوى أو تعديل أجوبة الناشئ المستهدَف بحيث يبدو أمام المحقق – أكان اجتماعياً، أمنياً أم قضائياً – وكأنه هو المسؤول عمّا يحلّ به، وأن أهله المرتكبين أبرياء من التهمة التي يكيلها لهم.

المعرفة بثقافة الشرف ضمانة للحدّ منها

لا بدّ لكل مَنْ يتعاطى مع الأطفال والناشئة والراشدين ممن يتعرّضون داخل عائلاتهم للعنف المرتبط بالشرف أن يكون مطلعاً على الثقافة التي تغذّيه والعقلية التي تسوّغه، بحيث يكون قادراً على حسن تقييم الحالات المنوط به معالجتها وحلّها في عمله اليومي. وتجدر الإشارة إلى أن اكتساب هذا النوع من المعرفة لا يقتصر على معلومات ثابتة، بل إن العامل في الخدمة الاجتماعية المختصة في جرائم الشرف، ملزم بأن يوسع آفاق اطلاعه على الموضوع ويطورها آخذاً في الاعتبار تفاصيل الحالات وخلفياتها العرقية والدينية والعرفيّة. ولقد أثبتت المنظمات التطوعية الضالعة في جرائم الشرف قدرتها على تحمّل المسؤولية فيما تقوم به ومعرفتها بتفاصيلها. ويعود السبب في ذلك إلى أن أعضاء وعضوات هذه المنظمات، النسائية في معظمها، يعودون في منابتهم إلى متّحدات المهاجرين والبلدان حيث ثقافة الشرف متجذّرة في العقول والنفوس. وبالتالي، لا بدّ من مدّ هذه المنظمات بالموارد البشرية والمالية الطويلة الأمد. ولعل المتطلّب الأساسي للتعامل احترافياً مع هذا النوع

من العنف هو المعرفة العميقة به وبظروفه وأسبابه، والمعرفة بآليات الاضطهاد التي يتوسّلها، والمراس الطويل بمسائل العدالة الاجتماعية والمساواة بين الجنسين وحقوق الإنسان بمستوياتها المختلفة. ومن هنا، فإن الكفاءات التي ينبغي للسلطات والهيئات المدنية التمتع بها لمقاربة العنف المرتبط بالشرف ومعالجته، تبقى حاجة لا بدّ من تلبيتها.

القانون الجنائي

رشحت المقابلات العديدة التي أجريتها بأن سوء معاملة الأطفال مسألة مطروحة على الدوام، ما يعني وجوب إعادة التفكير بطريقة النظر إلى العنف المرتبط بالشرف. فإن نظرنا إليه بوصفه العنف الذي يمارسه الرجال بحقّ النساء، أعطينا الانطباع بأن سوء معاملة الأطفال لا يمتّ إليه بصلة. في حين أن الواقع يفيد بغير ذلك؛ ذلك أن الأهل الذين يمارسون العنف المرتبط بالشرف بحقّ أولادهم، يمارسون في الوقت عينه المعاملة السيئة بحقّهم. وهنا تقلب الأسطورة القائلة بأن المرأة هي على الدوام ضحية الظروف رأساً على عقب. إذ غالباً ما تكون الأم أو الجدّة أو الأخت ضالعة في العنف المستهدِف لأحد الأولاد أو الأحفاد أو الأشقاء والشقيقات. ويتمثل هذا الضلوع في أن المرأة تتولى تربية الأولاد على العنف، أي على التمييز بين الجنسين مستقوية عليهم بلزوميات الدين والأعراف والتقاليد. فمن خلال قَصر العنف المرتبط بالشرف بالمسائل المرتبطة بالجنسانية والعلاقات الحميمية، يُصْرَف النظر عن سوء معاملة الأطفال الذي، وبناء لتقرير صدر مؤخراً في

السويد عن منظمة إنقاذ الأطفال (Save the Children)، عاد إلى البروز من جديد وبنسب مرتفعة ومقلقة. وبالتالي، إن أردنا التصدي لسوء معاملة الأطفال، وجب علينا قَرْنَه بالجهود الآيلة إلى الحدّ من العنف المرتبط بالشرف. وفي السياق عينه، لا بدّ من تحسين آليات البحث عن الدلائل الحسيّة في مسرح الجريمة، وذلك خلال التحقيق الأوليّ في العنف المرتكَب باسم الشرف، أتّخذ شكل القتل أو الدفع إلى الانتحار، وهذه ضرورة تقتضي تعاوناً دولياً.

التشريع

تتمتع السويد بقوانين منصِفَة تضمن حماية النساء من العنف الذي يستهدفهن، وتتصدّى بالمحاسبة والعقاب لسوء معاملة الأطفال. وهي تتمتع كذلك بقانون يضمن المساواة بين الأفراد عامة والجنسَيْن خاصة. ولقد دخلت هذه القوانين حيّز التنفيذ نتيجة الكفاح الطويل الأمد الذي اضطلعت به المنظمات النسوية ومنظمات حقوق الإنسان؛ وهي ترتكز على «الشرعة الدولية لحقوق الإنسان واتفاقية المجلس الأوروبي لمنع ومكافحة العنف ضدّ المرأة والعنف المنزلي» (المعروفة أيضاً باسم اتفاقية إسطنبول (تركيا)، حيث أبرمها المجلس الأوروبي وفتح باب التوقيع عليها في 11 أيار/ مايو من العام 2011. وتجدر الإشارة إلى أن هذه القوانين والتشريعات قد وجدت طريقها إلى المؤسسات الرسمية بفضل الرغبة السياسية بالارتقاء بالفرد والمجتمع، وبخاصة أن السويد تنعم بالسلام منذ قرنين من الزمن. زِدْ على ذلك، أن الكفاح المشترك

للنشطاء النسويين، نساء ورجالاً، والحركة العمّالية قد ساهم بتوعية المجتمع وحمله على تحمّل مسؤولياته في الأمن الاجتماعي، بحيث لا يعتمد لضمانه على الإحسان الذي تتصدّق به الأفراد أو المؤسسات الخاصة أو الحركات الدينية. لذا، فإن الفخر بما أنجزته السويد حتى الآن في مجال حقوق الإنسان (بما فيها حقوق المرأة والطفل) أمر مشروع. لكن، فخرنا المشروع بما أنجزته السويد حتى الآن في مجال حقوق الإنسان (بما فيها حقوق المرأة والطفل) لا ينبغي أن يثنينا عن الاستمرار في بذل الجهود الضامنة لإفادة المرء المقيم في بلادنا، أيّاً كان مَنْبِتُه أو هويته أو معتقده، من نوعية حياة أفضل، لا أن يدفع بنا إلى التخفيف من معاييرنا خدمةً لما يسمى بـ«النسبيّة الثقافية». وفي هذا الصدد، يتوجب على المنظمات التطوعيّة أن تتكامل مع المؤسسات العامة وليس الحلول محلّها. وإن كان من المفترض بنا في السويد تقبّل الاختلافات فإنه من المفترض بنا أيضاً التكافل للتصدّي للتعدّيات عامة وخاصة تلك المستقوية بقيم من مصاف «الشرف» والمستَهدِفة لحرية الإنسان وحقّه بالحياة الكريمة والمتطورة.

التربية المدرسيّة

كان للعمل الميداني وللمقابلات التي أجريتها مع النساء والفتيات المعنّفات أن نبّهني إلى ضرورة تغيير القوانين التي تسوس التربية المدرسية في السويد. فإن كنا حريصين حقيقةً على حقوق الأطفال، وجب علينا أن نصوغ تشريعات تحظّر على الأولاد والناشئة ارتياد

المدارس الدينية وتلك الخاصة قبل بلوغهم السادسة عشر وهي السنّ التي يكون التعليم فيها إلزامياً. كما ينبغي حظر اعتمار الحجاب بحيث لا يفرض على الفتيات ممن لم يبلغن الخامسة عشرة بعد. ذلك أن الحجاب رمز ديني وجنسي وسياسي، وهو إن دخل المدارس قوّض القانون الذي يتصدّى للرموز السياسية والدينية في مدارسنا. زِد على ذلك، أن للحجاب تأثير سلبي محدّد على حياة الفتاة وهو يشجع على التمييز بين الجنسين وعلى الطريقة التي يعتمدها كل منهما للتفكير بالآخر. ومن ناحية ثانية، يحقّ للشخص، أكان ذكراً أم أنثى، ومتى بلغ الخامسة عشر، بتجربة الجنس. وعلى العموم، إن كان للأطفال أن يكوّنوا لأنفسهم نظرة مستقلّة في العالم من حولهم، فلا بدّ من أن نجيز لهم باختيار تأثيرات مختلفة في حياتهم، من خلال اطلاعهم على الأديان كافة بل وعلى الإلحاد. كما أن العلوم ودراسة التطور أمور مهمة في تشكيل شخصية الناشئ، وبناء عقله وسعيه البحثي عن الحقيقة، وحسِّه النقدي. وثمّة ما يثير الاستغراب بل والقلق، وهو القبول في مدارسنا باستثناء بعض الطلاب من واجب حضور بعض المقررات باسم الدين أو الأعراف السائدة في مجتمع كل منهم. إذ ينبغي على كل الأولاد الذين يرتادون المدرسة الرسمية في السويد الحصول على تربية متكاملة لا تأخذ في الاعتبار «النسبية الثقافية».

الزيجات القسرية والزيجات المدبّرة

لا بدّ من حظر الزيجات القسرية وتكثيف التحقيق في الشكوك

التي تحوم حولها. وفي هذا السياق، فإن المطلوب هو معرفة متنامية بهذا الموضوع وتعاون بين الدول التي، أسوة بالسويد، سجّلت تقدماً ملحوظاً في وضع التشريعات المتصدّية لهذا النوع من الزواج وللجرائم المرتكبة باسم الشرف وضرورة الحفاظ عليه. وينبغي مساواة التبادل المالي الذي تشهده اتفاقيات الزواج بالنَّخاسة، لاعتبار القاصرة متاعاً يُشرى ويباع. فإن أخذ هذا الأمر على محمَل الجدّ، وجدت المؤسسات التشريعية ما يحثّها على وضع القوانين التي تحول دون استمراره. زِد على ذلك، وجوب اتخاذ الإجراءات القانونية المرعية الإجراء بحقّ الزوج الذي يستهل الزواج باغتصاب الزوجة القاصر خاصة والزوجة الراشدة عامة.

مساءلة في الإجازة الدينية بزواج الأفراد

إن التجارب التي خضتها على امتداد مسيرتي المهنية والمقابلات التي أجريتها مع العديد من النساء المعنّفات تجعلني أتردد في القبول بصواب أن يترك للدين حقّ التدخل في الإجازة للأفراد بالزواج أو عدمها. ففي العديد من الدول، يعقد القران مدنياً لارتباط الزواج بالقانون المدني للأحوال الشخصية. لذا تراني أُسائِل بإصرار أحقّية أن تتولى السلطات الدينية، وذلك بغضّ النظر عن هذا الدين أو ذاك – عقد قران الأفراد. فإن كان الزوجان يرغبان بزواج ديني، بعد عقد قرانهما مدنياً، فليكن لهما ذلك لأن هذه إرادتهما. غير أن تشديدي على ضرورة تطبيق الزواج المدني يأتي نتيجة ما شهدت عليه من تعدّيات تتجلى من خلال الزيجات

القسريّة المفروضة على القاصرات والسائدة في الدول حيث النصوص الدينية هي مصدر الشرائع (أي الدول الثيوقراطية)، بلا أي اعتبار للعواقب الوخيمة التي ترخيها على حقوق المرأة والأطفال خصوصاً.

السيطرة على جِنسانيّة المرأة

من الضروري أن تستهل التربية الجنسية والمعرفة بماهية المساكنة في سنّ مبكرة. ولا بدّ من اعتبار جراحة ترميم غشاء البكارة ومراقبة الحفاظ على العذريّة ضربَيْن من ضروب الدّجل. إذ ومن خلال الإبقاء على مثل هذه الجراحة تلقى هذه الأسطورة، بل قل الكذبة المعمول بها في دول عديدة حول العالم، تعزيزاً، يُحَدَّد بموجبه المصير المقسوم للشابة، كأن يُحْكم عليها بالموت أو يُجاز لها بالحياة.

كما أن الإجازة باستمرار العمل بموجبات هذه الأسطورة ما يُبْقي على المذنوبية الدينية والخجل من الجِنسانية، مع أن الأخيرة عامل طبيعي في حياتنا وواحدة من حاجاتنا البشرية. زِد على ذلك، الاستخفاف بالمذنوبية الدينية التي تُحمِّل القاصر أو الراشدة على الشعور بها، والتغاضي عنها بحجّة أنها لا تعني إلا متّحدات المهاجرين (وهي في بلادنا)، يجعلان منا مشاركين فاعلين وإن غير مباشرين، في بناء مجتمع لا يجد حرجاً في التمييز بين الجنسين. وبالتالي، فإن كل ما نبذله من جهود لجعل المساواة بين الرجل والمرأة واحداً من مداميك مجتمعنا، مهدّد بالفشل إن لم نسارع إلى إيقاف القول والعمل بأسطورة البكارة وما تضفيه من شرعية على «شرف الفتاة أو المرأة» أي عذريّة هذه أو

تلك. أخيراً، لا بدّ من لفت القارئ والقارئة إلى أن الاتفاقيات الصادرة عن منظمة الأمم المتحدة لحماية حقوق النساء والأطفال لم تلحظ حتى الآن أية وثائق مكتوبة حول حقّ المرء، أكان ذكراً أم أنثى، بجنسانيّته.

الحاجة إلى مجتمع زمني

إن كانت السويد تهتم فعلاً لحقوق الإنسان، فإنه ينبغي عليها أن تأخذ في حسبانها الاعتبارات الثقافية أو الخاصيّات الدينية في الحالات التي يسجَّل فيها سوء معاملة الأطفال. إذ عندما نَغُضّ الطرف عن المشكلات الجدّية في مجتمعنا لما تنذر به من مخاطر تتهدّد الإنسان عامة والنساء والأطفال خاصة، نساند السّاسة والسلطات الذين، ومن خلال وسائل الإعلام، يسلّمون أنفسهم لأصحاب الشعبوية والتعصبيّة العنصرية. وهل من الضروري القول إن الجُبْن في مقاربة المشكلات الناتجة عن تفعيل الدين أو العرف خدمة لإخضاع الناس بسبب نوعهم الجنسي (أي النساء تحديداً)، لا يجرّ على صاحبه أي فخر أو اعتزاز بل إنه يجعل منه ضالعاً في انتهاك حقوق الإنسان انتهاكاً سافراً. ثم إن عدم المساواة بين الناس بناء على ما تنصّ عليه القوانين المرعية الإجراء في بلادنا، واعتبار الانتماء الإثني، العرقي أو الديني أهم من هذه القوانين وتلك المساواة، من شأنه أن يؤسس لمجتمع منقسم بين «نحن» و«هم». وهل ينبغي أن نذكّر بأن القوانين الضامنة لحماية النساء، والمناهضة للجريمة ولضرب الأطفال كانت نتيجة سنوات عديدة من البحث والعمل الميدانيّين؟ أترانا نودّ اقتلاع كل هذه

المكتسبات ليذويها العدم؟ إن الخطر الذي يتهدّد قوانيننا وأمن مجتمعنا وأمانه خطر جدّي ينذِر بالوقوع لا محالة إن نحن أجزنا للنسبية الثقافية بالاستمرار في السيطرة على النقاش في المجتمع المدني وفي التدخل في عمل صنّاع القرار الهادف – من حيث المبدأ – إلى تحقيق الصالح العام.

إن السويد واحدة من أكثر دول العالم التزاماً وعملاً بالعلمانية. ومن خلال التغاضي عن العنف المرتبط بالشرف، تفقد ما ينبغي أن يُعْمَل على تعزيزه. لذا تراني أشدّد على ضرورة أن نبنيَ لنا مجتمعاً علمانياً حقاً إن نحن أردنا ديمقراطية تتّسع للجميع، حيث حرية التعبير وحرية الصحافة والإعلام، وحقوق النساء والأطفال وحرية المعتقد، حقوق يفيد منها الجميع. ومن كان يخشى على الأديان في ظلّ نظام ديمقراطي حقيقي يعطي كل ذي حقّ حقّه، فليعلم أن هذا النظام هو الذي يضمن للأديان جميعها حقّها في الوجود، لأنه يفصل الدين عن الدولة، ويعمل بمقتضيات الأنظمة والقوانين المرتكزة على حقوق الإنسان وعلى ما يقوله العلم في هذه أو تلك من المسائل.

في الختام

ختاماً أودّ أن أتقدم بجزيل الشكر للنساء الخمس اللاتي تحدّين كل المصاعب بشجاعة موصوفة والتي أجَزْنَ لي بالإصغاء إلى تجاربهن ومشاركتهن فيها. ذلك أنهن رَفَدْن شهاداتهن بالمعرفة والأمل وقوة الشكيمة، وهذه فضائل لا بدّ وأن تستنيرَ بها كل مَنْ وجدت نفسها من النساء مُقْحَمَة في ظروف مماثلة وتساءلت ما إذا كانت ستقدر على تغيير حياتها، وعلى ممارسة حقّها في جسدها وجنسانيتها، وعلى تقرير مصيرها ومستقبلها بنفسها.

المحتويات

صدر للمؤلفة أيضاً:

الغاية من كتاب «حياة النساء في الحروب والنزاعات»، المتمحور حول النِّساء في المناطق المحتلة أو تلك الخارجة من الصراعات، والسّارد لقصصِهِنّ، هي إظهار تأثير العنف على حياتِهن اليومية، وكفاحهن الهادف إلى تحقيق المساواة في مجتمع مدموغ بالعنف. لكن الأهم من كل هذا هو سعي المؤلفة إلى إظهار الإيجابية الماثلة في نظرة أولئك النساء إلى الحياة وفي استشرافهن للمستقبل، وإلى إبراز شجاعتهن وعَنادِهن وإبداعهن وبراعتهن؛ واختصار القول، أرادت المؤلفة ببساطة الإضاءة على استراتيجياتِهن في البقاء على قيد الحياة، أي أنها أرادت أن تقدم للقارئ نماذج من النِّساء الجريئات اللاتي، وإن اضطرِرْن في غالب الأحيان، إلى تعريض حياتِهن للخطر، تحدَّيْن بطرق متنوعة، مجتمعاً مطبوعاً على العنف، وهيكليات أبويَّة صارمة مستبدة، وذلك بهدف إنجاز التغييرات الواعدة بتحسين أوضاع النِّساء.